3급 공략 실전 모의고사 해설서

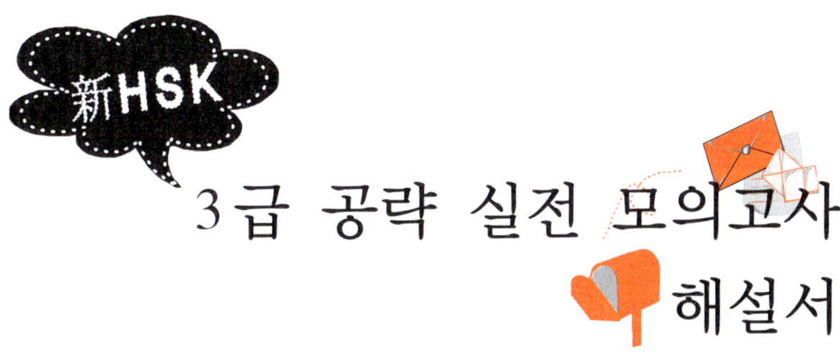

张宁志·陈郁·李明 지음

백형술·우치갑·오금순 번역

송산출판사

대표저자 **张宁志**

현 北京语言大学 교수
世界汉语教学学会会员,　中国对外汉语教学研究会会员
1995—1998년 삼성인력개발원 중국어 주임교수
저서
교재 : 《中级汉语会话》,　《新汉语口语教程》
사전: 《学汉语词典》
논문: 《口语教材的语域风格问题》1985年
　　　《浅谈汉语教材难度的确定》1991年
　　　《汉语教师教学归因初探》2006年
　　　《汉语教材语料难度的定量分析》2000年
　　　《几个与纠正病句有关的问题》1986年
　　　《汉民族思维及语言的特点与汉语短期强化教学》2000年
　　　《将揭示语引入对外汉语教学的设想》1992年
　　　《鲁迅小说中的颜色词》1986年
　　　《中国文化的源流》1993年

 **新 HSK 3급 공략 실전 모의고사 해설서**

저　　　자	张宁志·陈郁·李明 지음 /백형술·우치갑·오금순 번역
발 행 인	윤우상
책임편집	최준명, 윤병호
인 쇄 일	2010년 10월 19일
발 행 일	2010년 10월 29일
발 행 처	송산출판사
주　　　소	서울특별시 서대문구 홍제4동 104-6
전　　　화	(02)735-6189
팩　　　스	(02)737-2260
홈페이지	www.songsanpub.co.kr
E - m a i l	songsan1@korea.com
등 록 일	1976년 2월 2일 제9-40호

ISBN 978-89-7780-159-2 13720

前言

　　新汉语水平考试（HSK）是国家汉办组织中外汉语教学、语言学、心理学和教育测量学等领域的专家，在充分调查、了解海外实际汉语教学情况的基础上，借鉴近年来国际语言测试研究的最新成果，以《国家汉语能力标准》为依据，推出的一项国际汉语能力标准化考试。从2010年起在海外汉语水平的测试均采用由国家汉办主办的新汉语水平考试。

　　新汉语水平考试相比于旧HSK，有很大变化。新HSK分笔试和口试两部分，笔试和口试是相互独立的。笔试包括HSK（一级）、HSK（二级）、HSK（三级）、HSK（四级）、HSK（五级）和HSK（六级）；口试包括HSK（初级）、HSK（中级）和HSK（高级），口试采用录音形式。

　　本书以《新汉语水平考试大纲HSK三级》为依据，为参加新汉语水平考试的考生，准备了四套模拟试题。这四套模拟试题基本上涵盖了新汉语水平考试三级的全部语法点和词汇，因此学生只要根据此书认真学习，并根据已掌握的基本知识与技巧加以举一反三，融会贯通的话，在考试中一定会取得理想的成绩。

　　本书是由北京语言大学教授合作编写的，参加编写的几位教授长期从事对外汉语教学工作，不仅具有丰富的教学经验，另外还编写了很多教材。在编写此书时，为应考需要，准备了多种多样的模拟试题，并在书后附上了答案。最后希望此书对参加新汉语水平考试的朋友们有所帮助。

作者

2010年 10月 10日于北京

머리말

　신한어수평고시(HSK)는 국가한반이 중국과 외국의 중국어 교육, 언어학, 심리학과 교육 측정학 등 영역의 전문가를 조직, 해외의 실제 중국어 교육 상황을 충분히 조사하고 이해한 기초를 바탕으로 최근 국제 언어 테스트 연구의 최신 성과를 참고하여, 〈국가한어능력표준〉을 근거로 출시한 국제한어능력표준화 시험이다. 2010년부터 해외에서 한어수평 측정은 모두 국가한반이 주관하는 신한어수평고시로 치뤄진다.

　신한어수평고시는 구 HSK에 비해 많은 변화가 있다. 신 HSK는 필기시험과 구술시험으로 나누어져 있으며, 필기시험과 구술시험은 서로 독립되어 있다. 필기시험은 HSK(1급), HSK(2급), HSK(3급), HSK(4급), HSK(5급), HSK(6급)이 포함된다. 그리고 구술시험은 HSK(초급), HSK(중급), HSK(고급)이 포함되며 녹음 형식을 채택한다.

　본서는 〈新汉语水平考试大纲HSK三级〉에 근거하여, 신한어수평고시에 참가하는 학생을 위해 4회분의 모의고사가 준비되어 있다. 이 문제들은 한어수평고시3급에 해당되는 문법과 어휘를 모두 포괄하고 있다. 따라서 수험생들은 이 책을 가지고 열심히 공부하고, 이미 배운 기본지식과 기교를 바탕으로 하여, 하나를 들으면 열을 알듯이, 체계적이고 철저하게 이해하면 반드시 이상적인 성적을 얻을 수 있을 것이다.

　본서는 北京语言大学교수들이 공저한 것이다. 저서에 참여한 교수들은 모두 오랫동안 중국어 교육에 종사하고 있기 때문에, 중국어를 가르치는 경험이 아주 풍부할 뿐만 아니라, 많은 교재를 편찬하였다. 이 책을 편찬할 때, 시험을 대비하여 다양한 모의고사를 준비하였으며, 부록에 답안도 실어 놓았다. 마지막으로 이 책이 한어수평고시에 응시하는 여러분께 도움이 되길 바란다.

저자

2010년 10월 10일 베이징에서

목차

新汉语水平考试（HSK）介绍

为使汉语水平考试（HSK）更好地服务于汉语学习者，中国国家汉办组织中外汉语教学、语言学、心理学和教育测量学等领域的专家，在充分调查、了解海外汉语教学实际情况的基础上，吸收原有 HSK 的优点，借鉴近年来国际语言测试研究最新成果，推出新汉语水平考试（HSK）。

一、考试结构

新 HSK 是一项国际汉语能力标准化考试，重点考查汉语非第一语言的考生在生活、学习和工作中运用汉语进行交际的能力。新 HSK 分笔试和口试两部分，笔试和口试是相互独立的。笔试包括 HSK（一级）、HSK（二级）、HSK（三级）、HSK（四级）、HSK（五级）和 HSK（六级）；口试包括 HSK（初级）、HSK（中级）和 HSK（高级），口试采用录音形式。

笔试	口试
HSK（六级）	HSK（高级）
HSK（五级）	
HSK（四级）	HSK（中级）
HSK（三级）	
HSK（二级）	HSK（初级）
HSK（一级）	

二、考试等级

新 HSK 各等级与《国际汉语能力标准》《欧洲语言共同参考框架（CEF）》的对应关系如下表所示：

新 HSK	词汇量	国际汉语能力标准	欧洲语言框架（CEF）
HSK（六级）	5000 及以上	五级	C2
HSK（五级）	2500		C1
HSK（四级）	1200	四级	B2
HSK（三级）	600	三级	B1
HSK（二级）	300	二级	A2
HSK（一级）	150	一级	A1

通过HSK（一级）的考生可以理解并使用一些非常简单的汉语词语和句子，满足具体的交际需求，具备进一步学习汉语的能力。

通过HSK（二级）的考生可以用汉语就熟悉的日常话题进行简单而直接的交流，达到初级汉语优等水平。

通过HSK（三级）的考生可以用汉语完成生活、学习、工作等方面的基本交际任务，在中国旅游时，可应对遇到的大部分交际任务。

通过HSK（四级）的考生可以用汉语就较广泛领域的话题进行谈论，比较流利地与汉语为母语者进行交流。

通过HSK（五级）的考生可以阅读汉语报刊杂志，欣赏汉语影视节目，用汉语进行较为完整的演讲。

通过HSK（六级）的考生可以轻松地理解听到或读到的汉语信息，以口头或书面的形式用汉语流利地表达自己的见解。

三、考试原则

新HSK遵循"考教结合"的原则，考试设计与目前国际汉语教学现状、使用教材紧密结合，目的是"以考促教""以考促学"。

新HSK关注评价的客观、准确，更重视发展考生汉语应用能力。

新HSK制定明确的考试目标，便于考生有计划、有成效地提高汉语应用能力。

四、考试用途

新HSK延续原有HSK汉语能力考试的定位，面向成人汉语学习者。其成绩可以满足多元需求：

1．为院校招生、分班授课、课程免修、学分授予提供参考依据。
2．为用人机构录用、培训、晋升工作人员提供参考依据。
3．为汉语学习者了解、提高自己的汉语应用能力提供参考依据。
4．为相关汉语教学单位、培训机构评价教学或培训成效提供参考依据。

五、成绩报告

考试结束后3周内，考生将获得由国家汉办颁发的新HSK成绩报告。

신 한어수평고사(HSK) 소개

한어수평고사(HSK)가 중국어 학습자에게 더 좋은 서비스를 제공하기 위하여 중국 국가한반은 중외 중국어 교육, 언어학, 심리학과 교육 측정학 등 영역의 전문가를 조직하여, 해외의 실제 중국어 교육 상황을 충분히 조사하고 이해한 기초를 바탕으로, 기존 HSK의 장점을 살리고 최근 국제 언어 테스트 연구의 최신 성과를 참고하여 신 한어수평고사 (HSK)를 실시하게 되었다.

1. 시험 구조

신 HSK는 국제 중국어 능력 표준화 수준 시험으로 중국어가 모국어가 아닌 수험생의 생활, 학습과 업무에 중국어를 이용하여 소통하는 능력을 중점 측정한다. 신 HSK는 필기시험과 구술시험으로 나누어져 있으며, 필기시험과 구술시험은 서로 독립되어 있다. 필기시험은 HSK(1급), HSK(2급), HSK(3급), HSK(4급), HSK(5급), HSK(6급)으로 나누어져 있다. 구술시험은 HSK(초급), HSK(중급), HSK(고급)으로 나누어져 있으며, 녹음 형식을 채택한다.

필기시험	구술시험
HSK (6급)	HSK (고급)
HSK (5급)	
HSK (4급)	HSK (중급)
HSK (3급)	
HSK (2급)	HSK (초급)
HSK (1급)	

2. 시험 등급

신 HSK 각 등급과《국제 중국어 능력 표준》,《유럽언어 공동 참고 프레임 (CEF)》의 대응 관계는 아래 표와 같다:

신 HSK	어휘량	국제 중국어 능력 표준	유럽언어 프레임 (CEF)
HSK (6급)	5,000 및 이상	5급	C2
HSK (5급)	2,500		C1
HSK (4급)	1,200	4급	B2
HSK (3급)	600	3급	B1
HSK (2급)	300	2급	A2
HSK (1급)	150	1급	A1

HSK(1급)를 통과한 수험생은 매우 간단한 중국어 단어와 문장을 이해하고 사용할 수 있으며, 구체적인 소통을 할 수 있으므로 진일보한 중국어 학습 능력을 갖추었다.

HSK(2급)를 통과한 수험생은 익숙한 일상 화제에 대해 중국어로 간단하고 직접적인 교류를 할 수 있으며, 초급 중국어 우수 수준에 도달하였다.

HSK(3급)를 통과한 수험생은 중국어로 생활, 학습, 업무 등 방면의 기본 교제 임무를 완성할 수 있으며, 중국에서 여행 시 만나는 대부분의 교제 임무를 대처할 수 있다.

HSK(4급)를 통과한 수험생은 비교적 광범위한 영역의 화제에 대해 중국어로 토론을 진행할 수 있으며, 중국어를 모국어로 하는 사람과 비교적 유창하게 교류를 할 수 있다.

HSK(5급)를 통과한 수험생은 중국어 정기 간행물과 잡지를 읽고 중국어 영화와 TV 프로그램을 감상할 수 있으며, 중국어로 비교적 완전한 연설을 할 수 있다.

HSK(6급)를 통과한 수험생은 중국어 정보를 수월하게 알아듣거나 읽을 수 있으며, 구두 또는 서면 형식으로 유창한 중국어를 이용하여 자신의 견해를 표현할 수 있다.

3. 시험 등급

신 HSK는 "시험과 교육의 결합"의 원칙을 따르고, 시험 설계는 현재 국제 중국어 교육 현황, 교재사용과 긴밀하게 결합하며, 목적은 "시험으로 교육을 촉진하며", "시험으로 학습을 촉진한다"이다.

신 HSK는 평가의 객관성, 정확성을 중시하며 수험생의 중국어 응용 능력의 발전을 더욱 중요시한다.

신 HSK는 명확한 시험 목표를 제정하여, 수험생이 계획적이고 효과적으로 중국어 응용 능력을 향상시키기에 편하도록 한다.

4. 시험 용도

신 HSK는 기존의 HSK 중국어 능력 시험의 객관적인 평가의 연속으로 성인 중국어 학습자를 대상으로 한다. 신 HSK의 성적은 다양한 수요를 만족시킬 수 있다:
(1) 대학의 학생모집, 분반수업, 과정면제, 학점수여 등을 위해 참고 근거를 제공한다.
(2) 인재모집 기관의 채용, 양성, 직원의 진급 등에 참고 근거를 제공한다.
(3) 중국어 학습자가 자신의 중국어 응용 능력을 이해하고 향상시키는데 참고 근거를 제공한다.
(4) 관련 중국어 교육 부서, 양성 기관의 교육 평가 또는 양성 효과 등에 참고 근거를 제공한다.

5. 성적 보고

시험 종료 후 3주내에 수험생은 국가 한반이 수여한 신 HSK 성적 보고를 획득한다.

HSK（三级）介绍

    HSK（三级）考查考生的汉语应用能力，它对应于《国际汉语能力标准》三级，《欧洲语言共同参考框架（CEF）》B1级。通过 HSK（三级）的考生可以用汉语完成生活、学习、工作等方面的基本交际任务，在中国旅游时，可应对遇到的大部分交际任务。

一、考试对象

    HSK（三级）主要面向按每周2－3课时进度学习汉语三个学期(一个半学年)，掌握600个最常用词语和相关语法知识的考生。

二、考试内容

    HSK（三级）共80题，分听力、阅读、书写三部分。

考试内容		试题数量 （个）		考试时间（分钟）
一、听力	第一部分	10	40	约 35
	第二部分	10		
	第三部分	10		
	第四部分	10		
二、阅读	第一部分	10	30	25
	第二部分	10		
	第三部分	10		
三、书写	第一部分	5	10	15
	第二部分	5		
填写答题卡				10
共计	/	80		约 85

    全部考试约90分钟（含考生填写个人信息时间 5 分钟）。

1．听力

第一部分，共10题。每题听两次。每题都是一个对话，试卷上提供几张图片，考生根据听到的内容选出对应的图片。

第二部分，共10题。每题听两次。每题都是一个人先说一小段话，另一个人根据这段话说一个句子，试卷上也提供这个句子，要求考生判断对错。

第三部分，共10题。每题听两次。每题都是两个人的两句对话，第三个人根据对话问一个问题，试卷上提供3个选项，考生根据听到的内容选出答案。

第四部分，共10题。每题听两次。每题都是两个人的4到5句对话，第三个人根据对话问一个问题，试卷上提供3个选项，考生根据听到的内容选出答案。

2．阅读

第一部分，共10题。提供20个句子，考生要找出对应关系。

第二部分，共10题。每题提供一到两个句子，句子中有一个空格，考生要从提供的选项中选词填空。

第三部分，共10题。提供10小段文字，每段文字带一个问题，考生要从3个选项中选出答案。

3．书写

第一部分，共5题。每题提供几个词语，要求考生用这几个词语写一个句子。

第二部分，共5题。每题提供一个带空格的句子，要求考生在空格上写出正确的汉字。

三、成绩报告

HSK（三级）成绩报告提供听力、阅读、书写和总分四个分数。总分180分为合格。

	满分	你的分数
听力	100	
阅读	100	
书写	100	
总分	300	

HSK成绩长期有效。作为外国留学生进入中国院校学习的汉语能力的证明，HSK成绩有效期为两年（从考试当日算起）。

HSK（三级） 成绩报告

新 汉 语 水 平 考 试
Chinese Proficiency Test

HSK（三级） 成绩报告
HSK (Level 3) Examination Score Report

姓 名 (Name) : ______________________________

性 别 (Gender) : ____________　国 籍 (Nationality): ____________

考试时间 (Examination Date): ____________ 年(Year) ______ 月(Month) ______ 日(Day)

编 号 (No.): ______________________________

	满分(Full Score)	你的分数(Your Score)
听力 (Listening)	100	
阅读 (Reading)	100	
书写 (Writing)	100	
总分 (Total Score)	300	

总分180分为合格 (Passing Score: 180)

主任
Director ____________________

中国 ·北京
Beijing China

신HSK (3급)소개

  HSK (3급)은 수험생의 중국어 응용능력을 테스트하며, 등급은 ≪국제한어능력표준≫ 3급, ≪유럽 언어 공동 참고 프레임 (CEF) ≫ B1급에 해당된다. HSK3급에 합격한 응시자는 중국어로 일상생활, 학습, 업무 등 각 분야의 상황에서 기본적인 회화를 진행할 수 있다. 또한 중국여행 시 겪게 되는 대부분의 상황들을 중국어로 대응 할 수 있는 수준에 해당한다.

一、시험 대상자

  HSK(3급)은 매주 2-3시간씩 3학기 (120-180시간) 정도의 중국어를 학습하고, 600개의 상용어휘와 관련 어법지식을 마스터한 학습자를 대상으로 한다.

二、시험 내용

  HSK(3급)은 총 80문제이며, 듣기, 독해, 쓰기 3부분으로 나누어져 있다.

시험 내용		시험문제 수 (문항)		시험시간 (분)
一、 듣기	제1부분	10	40	약 35분
	제2부분	10		
	제3부분	10		
	제4부분	10		
二、 독해	제1부분	10	30	25
	제2부분	10		
	제3부분	10		
三、 쓰기	제1부분	5	10	15
	제2부분	5		
답안지 작성				10분
합계	/	80		약 85분

  시험 총 시간은 90분이다(수험생 개인정보 입력시간 5분 포함).

1. 듣기

제1부분은 총 10문항이다. 모든 문제는 두 번씩 들려준다. 모든 문제는 하나의 대화로 이루어져 있으며, 응시자는 시험지에 주어진 여러 그림 중 들려주는 대화 내용과 일치하는 것을 선택한다.

제2부분은 총 10문항이다. 모든 문제는 두 번씩 들려준다. 모든 문제는 한 사람이 한 단락의 문장을 읽은 다음, 다른 한 사람은 그 문장과 관련된 문장을 제시한다. 시험지에도 이 문장이 제시 되어 있으며, 응시자는 들려준 단문의 내용과 맞는지 판다한다.

제3부분은 총 10문항이다. 모든 문제는 두 번씩 들려준다. 모든 문제는 두 사람의 대화로 두 문장으로 구성되어 있다. 세 번째 사람이 이 대화와 관련된 질문을 한다. 응시자는 시험지에 주어진 3개의 선택 항목 중에서 정답을 고른다.

제4부분은 총 10문항이다. 모든 문제는 두 번씩 들려준다. 모든 문제는 두 사람의 대화로 4-5문장으로 구성되어 있다. 세 번째 사람이 이 대화와 관련된 질문을 한다. 응시자는 시험지에 주어진 3개의 선택 항목 중에서 정답을 고른다.

2. 독해

제1부분 총 10문항이다. 응시자는 주어진 20개 문장 중, 주어진 내용과 서로 상응한 문장들을 연결시킨다.

제2부분은 총 10문항이다. 모든 문장은 1-2개의 문장으로 구성되어 있으며, 문장 가운데에는 하나의 빈칸이 있다. 응시자는 선택 항목 중, 빈칸에 들어갈 알맞은 단어를 선택한다.

제3부분은 총 10문항이다. 10문항은 모두 하나의 단문과 하나의 질문으로 구성되어 있다. 응시자는 시험지에 선택 항목 3개 중에서 정답을 고른다.

3. 쓰기

제1부분은 총 5문항이다. 모든 문제는 여러 개의 단어가 제시되어 있다. 응시자는 주어진 단어를 사용하여 하나의 완성된 문장을 만든다.

제2부분은 총 5문항이다. 모든 문제는 하나의 빈칸이 들어간 문장으로 구성되어 있다. 응시자는 빈칸에 들어갈 알맞은 한자를 쓴다.

三、성적 통지

HSK(3급) 성적통지는 듣기, 독해, 쓰기와 합계 점수를 제공하며 합계가 180점이
면 합격이다.

	만점	당신의 점수
듣기	100	
독해	100	
쓰기	100	
합계	300	

HSK성적은 장기간 유효하다. 외국인 유학생으로 중국의 대학에 진학할 때 중국
어능력 증명서로 쓸 경우, 유효기간은 2년이다(시험당일부터 계산한다).

HSK (三级)考试要求及过程

一、 HSK (三级) 考试要求

1. 考试前，考生要通过《新汉语水平考试大纲HSK三级》等材料，了解考试形式，熟悉答题方式。
2. 参加考试前，考生需要带：身份证件、准考证、2 B铅笔、橡皮

二、HSK (三级) 考试过程

1. 考试开始时，主考宣布：

> 大家好！欢迎参加HSK (三级)考试。

2. 主考提醒考生(可以用考生的母语及其他有效方式)：
(1) 关闭手机。
(2) 把准考证和身份证件放在桌子的右上方。

3. 之后，主考请监考发试卷。

4. 试卷发完后，主考向考生解释试卷封面上的注意内容(可以用考生的母语及其他有效方式)：

注　意

一、HSK（三级）分三部分：
    1. 听力（40题，约35分钟）
    2. 阅读（30题，25分钟）
    3. 书写（10题，15分钟）
二、答案先写在试卷上，最后10分钟再写在答题卡上。
三、全部考试约90分钟（含考生填写个人信息时间5分钟）。

5．之后，主考宣布：

> 现在请大家填写答题卡。

　　主考示意考生参考准考证(可以用考生的母语及其他有效方式)，用铅笔填写答题卡上的姓名、国籍、序号、性别、考点、年龄、你是华裔吗、学习汉语的时间等信息。
　　姓名要求写证件上的姓名。
　　关于华裔考生的概念，可解释为：父母双方或一方是中国人的考生。

6．之后，主考宣布：

> 现在开始听力考试。

7．主考播放听力录音。

8．听力考试结束后，主考宣布：

> 现在开始阅读考试。考试时间为25分钟。

9．阅读考试还剩5分钟时，主考宣布：

> 阅读考试时间还有5分钟。

10．阅读考试结束后，主考宣布：

> 现在开始书写考试。考试时间为15分钟。**请直接把答案写在答题卡上。**

　　主考提示考生直接把答案写在答题卡上 (可以用考生的母语及其他有效方式)。

11．书写考试还剩5分钟时，主考宣布：

> 书写考试时间还有5分钟。

12．书写考试结束后，主考宣布：

> 现在请把第1到第70题的答案写在答题卡上，时间为10分钟。

　　主考提醒考生把答案写在答题卡上 (可以用考生的母语及其他有效方式)。

１３． 10分钟后，主考请监考收回试卷和答题卡。

１４． 主考清点试卷和答题卡后宣布：

考试现在结束。谢谢大家！再见。

HSK (3급)시험 요구사항과 과정

一、 HSK (3급)시험 요구 사항

1. 시험 전에 《신한어수평고시 대강 HSK3급》 등 자료를 통하여 시험유형을 이해하고 답안지 작성방식을 숙지해야 한다.
2. 시험 시 지참해야 할 것: 신분증, 수험표, 2B연필, 지우개.

二、 HSK (3급)시험 과정

1. 시험을 시작할 때 주임 시험관이 다음과 같이 말한다:

> 여러분 안녕하세요. HSK(3급)에 응시하신 것을 환영합니다.

2. 주임 시험관이 수험생에게 안내말씀을 한다 (**수험생의 모국어 또는 기타 유효한 방식을 이용할 수 있다**):
(1) 핸드폰을 꺼주세요.
(2) 수험표와 신분증을 책상 우측 상단에 놓으세요.

3. 그리고 주임 시험관이 시험 감독에게 시험지를 나누어 주도록 한다.

4. 시험지를 다 나누어 준 다음, 주임 시험관이 수험생에게 시험지 표지의 주의사항을 설명해 준다. (**수험생의 모국어 또는 기타 유효한 방식을 이용할 수 있다**):

주 의

一、HSK(3급)은 세 부분으로 나누어져 있다.
    1. 듣기 (40문제, 약 35분)
    2. 독해 (30문제, 25분)
    3. 쓰기 (10문제, 15분)
二、**답안은 우선 시험지에 적고 마지막 10분 남았을 때 답안지에 옮겨 적는다.**
三、시험 총 시간은 90분이다(수험생 개인정보 입력시간 5분 포함).

---

5. 그리고 나서 주임 시험관이 말한다:

> 지금부터 여러분의 답안지 카드를 작성하십시오.

　주임 시험관은 수험생에게 수험표를 참고하여(**수험생의 모국어 또는 기타 유효한 방식을 이용할 수 있다**), 연필로 답안지 카드에 이름, 국적, 수험표번호, 성별, 시험 장소, 나이, 당신은 화교입니까, 중국어를 배운 시간 등 정보를 적어 넣도록 한다.
　이름은 증명서의 이름을 써야 한다.
　화교의 개념을 해석하자면 부모 쌍방 혹은 부모 중 한 쪽이 중국인인 수험생을 말함.

6. 그리고 나서 주임 시험관이 말한다:

> 지금부터 듣기시험을 시작합니다.

7. 주임 시험관이 듣기녹음을 틀어준다.

8. 듣기시험이 끝나면 주임 시험관이 말한다:

> 지금부터 독해시험을 시작합니다. 시험시간은 25분입니다.

9. 독해시험 시간이 5분 남았을 때 주임 시험관이 말한다.

> 독해시험이 5분 남았습니다.

10. 독해시험이 끝나면 주임 시험관이 말한다:

> 지금부터 쓰기시험을 시작합니다. 시험시간은 15분입니다. **답안을 직접 답안 지에 적어주십시오.**

　주임 시험관은 수험생에게 답안을 직접 답안지에 작성할 것을 안내해 준다(**수험생의 모국어 또는 기타 유효한 방식을 이용할 수 있다**).

11. 쓰기시험시간이 5분 남았을 때 주임 시험관이 말한다:

> 쓰기시험시간이 5분 남았습니다.

12. 쓰기시험 끝나면 주임 시험관이 말한다.

> 지금부터 문제 1-70의 답안을 답안지에 옮겨 적으시오. 시간은 10분입니다.

　　주임 시험관은 수험생에게 답안을 답안지에 작성할 것을 안내해 준다(**수험생의 모국어 또는 기타 유효한 방식을 이용할 수 있다**).

13. 10분 후 주임 시험관은 시험 감독에게 시험지와 답안지를 거두라고 한다.

14. 주임 시험관은 시험지와 답안지를 체크하고 말한다:

> 시험을 여기서 마치겠습니다. 감사합니다.

실전모의고사 1회
정답 및 해설

活到老学到老

배움의 길은 끝이 없다.

第一套模拟试题答案

一、听力

第一部分

1. A	2. E	3. C	4. B	5. F
6. B	7. D	8. A	9. C	10. E

第二部分

11. V	12. ×	13. V	14. ×	15. V
16. V	17. ×	18. ×	19. V	20. V

第三部分

21. B	22. A	23. C	24. C	25. B
26. C	27. A	28. C	29. B	30. A

第四部分

31. A	32. B	33. B	34. C	35. B
36. A	37. C	38. A	39. B	40. C

二、阅读

第一部分

41. F	42. C	43. D	44. A	45. B
46. E	47. B	48. C	49. D	50. A

第二部分

51. C	52. B	53. E	54. A	55. F
56. C	57. A	58. B	59. F	60. E

第三部分

61. B	62. A	63. B	64. A	65. B
66. C	67. C	68. A	69. B	70. B

三、书写

第一部分

71. 我更喜欢吃苹果。

72. 明天我们不用到学校。/ 我们明天不用到学校。

73. 你要找哪位李先生？

74. 这本书是在中国买的。

75. 8月20日在学校的大礼堂举行毕业典礼。

第二部分

76. 天
77. 以
78. 汉
79. 打
80. 个

一、听　力

第　一　部分

모든 문제는 두 사람의 대화로 이루어져 있으며, 두 문장으로 구성되어 있다. 수험생은 녹음을 들은 다음 시험지에 제시된 내용과 일치한 그림을 고르면 된다. 참고로 녹음을 두 번 들려주니 조급해하지 말고 차분하게 들으면 잘 들릴 것이다.

1번~5번 문제

A

B

C

D

E

F
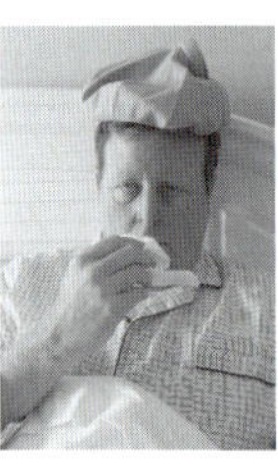

例如：	男：	喂，请问张经理在吗？
	女：	他正在开会，您半个小时以后再打，好吗？

	남：	여보세요, 말씀 좀 여쭙겠습니다. 장 선생님 계십니까？
	여：	회의 중이오니, 30분 후 다시 전화하실래요？

정답　D

1

女： 我刚才还听到有人在喊救命，现在怎么听不到了呢?

男： 声音好像是从前面传过来的，我们快过去看看吧。

여： 방금 누가 살려달라는 소리를 들었는데, 왜 지금은 안 들리죠?

남： 소리가 앞쪽에서 들려오는 것 같은데 우리 빨리 가서 봅시다.

정답 A

어휘 听到 tīngdào 듣다, 들리다 | 喊 hǎn 외치다 | 救命 jiùmìng 목숨을 구하다 | 声音 shēngyīn 소리 | 好像 hǎoxiàng 마치 …과 같다 | 传 chuán (소리가) 전해 오다 | 过去 guòqù 건너가다

해설 남녀 두 사람이 살려달라는 소리에 사람을 찾고 있기 때문에 그림 A가 정답이다.

2

男： 你的篮球打得这么好，是怎么练出来的?

女： 上大学的时候，我的专业是篮球。

남： 너 농구 정말 잘한다. 어떻게 기량을 쌓은 거니?

여： 대학교 다닐 때 내 전공이 농구거든.

정답 E

어휘 篮球 lánqiú 농구 | 练 liàn 훈련하다 | 出来 chūlai (동사 뒤에 쓰여) 동작이 완성되거나 실현됨을 표시함 | 专业 zhuānyè 전공

해설 농구에 대한 이야기를 하고 있기 때문에 그림 E가 정답이다.

3

女： 你经常去健身房健身吗?

男： 是的，运动不仅有益于健康，而且还可以减肥。

여： 헬스클럽에 자주 가십니까?

남： 네. 운동은 건강에 좋을 뿐만 아니라, 살도 뺄 수 있잖아요.

정답 C

어휘 健身房 jiànshēnfáng 헬스클럽 | 健身 jiànshēn 신체를 건강하게 하다 | 不仅 bùjǐn …뿐만 아니라 | 有益 yǒuyì 유익하다 | 于 yú …에 | 减肥 jiǎnféi 살을 빼다

해설 '健身房, 헬스클럽'이 들리면 문제를 쉽게 풀 수 있다.

4

男： 银行离学校这么远，你走过来的? 怎么不坐车啊?

女： 因为没有直达学校的车。

남： 은행에서 학교까지 이렇게 먼데, 걸어서 왔어? 왜 차를 안탔어?

여： 학교까지 바로 오는 버스가 없어서.

정답 B

어휘 走 zǒu 걷다 | 直达 zhídá 직행하다

해설 그림을 고를 때 이미 선택 된 그림은 '×'자로 표기해 놓으면 문제를 훨씬 쉽게 풀 수 있다. 이 문제 같은 경우 B와 F 중에서 정답을 고르면 되는데, F는 몸이 아픈 내용이므로 정답은 B라는 것을 알 수 있다.

5

女： 咳嗽得这么厉害，去看医生了吗?

男： 没有，你帮我买点儿感冒药吧。

여： 기침을 이렇게 심하게 하는데, 의사선생님께 진찰 받아봤어?

남： 아니, 네가 감기약 좀 사다 줘.

정답 F

6번~10번 문제

A

B

C

D

E

6

男: 我大概有五年没来北京了，北京的变化实在是太大了。

女: 是啊！到处都是高楼大厦，还建了很多高架和地铁。

남: 베이징에 안 온지 약 5년 되었는데, 베이징은 정말 많이 변했다.

여: 그래, 도처에 고층 빌딩이고, 고가와 지하철도 많이 생겼지.

정답 B

어휘   变化 biànhuà 변화하다 | 实在 shízài 정말 | 到处 dàochù 도처 | 高楼大厦 gāolóudàshà 고층 빌딩 | 建 jiàn 짓다, 건설하다 | 高架 gāojià 고가 | 地铁 dìtiě 지하철

해설   핵심어는 '高楼大厦, 고층 빌딩'이다. 따라서 정답은 B이다.

7

女: 不要一边开车一边打电话，好不好?
男: 我会注意的。

여: 운전하면서 전화 안 하면 안 돼?
남: 조심할게.

정답 D

어휘 …一边……一边 …yìbiān…yìbiān 한편으로 …하면서 또 한편으로 …하다 | 会…的 huì …de …할 것이다 | 注意 zhùyì 주의하다 | 厉害 lìhai 심각하다 | 感冒药 gǎnmàoyào 감기약

해설 '开车, 운전하다', '打电话, 전화하다' 이 두 단어만으로도 정답이 D라는 것을 알 수 있다.

8

男: 明天我要去参加婚礼，穿这件衣服怎么样?
女: 这件衣服不太适合你，还是穿新买的那件吧。

남: 내일 결혼식에 참석하려고 하는데, 이 옷을 입으면 어떨까요?
여: 이 옷은 당신에게 안 어울려요, 새로 산 그 옷을 입는 게 더 좋은 것 같아요.

정답 A

어휘 参加 cānjiā 참가하다 | 婚礼 hūnlǐ 결혼식 | 穿 chuān 입다 | 适合 shìhé 적합하다

해설 옷과 관련된 내용이므로 정답이 A라는 것을 알 수 있다.

9

女: 多吃点儿，你饿坏了吧?
男: 可不是吗，我一天没吃东西了。

여: 많이 드세요, 배 많이 고프셨죠?
남: 네, 하루 종일 아무 것도 안 먹었거든요.

정답 C

어휘 饿 è 배고프다 | 坏 huài …하여 죽겠다, 너무 …하다 [동사나 형용사 뒤에 쓰여 지나치게 심한 정도에 도달했음을 나타냄] | 可不是吗 kěbúshìma 그러게 말이다 | 东西 dōngxi 먹을 것

해설 두 사람의 대화 내용은 먹는 것과 관련이 있으므로 정답이 C라는 것을 알 수 있다.

10

男: 妈妈，饭做好了吗? 我饿了。
女: 马上就好，再等五分钟。

남: 엄마, 밥 다 됐어요? 배고파요.
여: 곧 될 거야, 5분만 기다려.

정답 E

어휘 马上 mǎshàng 즉시 | 分钟 fēnzhōng 분

해설 남자가 여자에게 엄마라고 부르고 있기 때문에 정답이 E라는 것을 쉽게 알 수 있다.

第 二 部 分

보기 내용이 녹음 내용과 일치하는 지 일치하지 않는 지 판단하는 문제이다. 녹음을 두 번 들려주니 주의 깊게 잘 들으면 문제를 쉽게 풀 수 있을 것이다.

例如: 为了让自己更健康，他每天都花一个小时去锻炼身体。

　　★ 他希望自己很健康。

더욱 건강해 지기 위하여, 그는 매일 1시간씩 운동을 한다.

　　★ 그는 자신이 아주 건강해지길 바란다.

정답　　∨

例如: 今天我想早点儿回家。看了看手表，才五点。过了一会儿再看表，还是五点，我这才发现我的手表不走了。

　　★ 那块儿手表不是他的。

오늘 조금 일찍 집에 가려고 시계를 봤더니 5시였다. 그런데 좀 있다가 다시 시계를 봤는데 역시 5시였다. 그제야 내 시계가 멈췄다는 것을 알게 되었다.

　　★ 그 시계는 그의 것이 아니다.

정답　　×

11번~20번 문제

11 今天中午我跟我们公司的同事一起去饭店吃饭，可是我忘了带钱包，没办法只好跟同事借了点儿钱。

　　★ 他没带钱包。

오늘 점심 때 나는 우리 회사 동료들과 함께 식당에 가서 식사를 했는데, 지갑을 깜박하고 안 가지고 가서 할 수 없이 동료에게 돈을 좀 빌렸다.

　　★ 그는 지갑을 안 가지고 갔다.

정답　　∨

어휘　　同事 tóngshì 동료 | 忘 wàng 잊다 | 钱包 qiánbāo 지갑 | 只好 zhǐhǎo 부득이 | 借 jiè 빌리다

해설　　녹음에서 '忘了带钱包, 지갑을 깜박하고 안 가지고 갔다'라고 했으므로 '∨'가 정답이다.

12 我参加工作三年了，刚开始的时候不太适应，现在好多了。

　　★ 他还是不太适应学校的生活。

나는 직장을 다닌 지 3년 되었다. 처음에는 적응이 잘 안 됐는데 지금은 많이 좋아졌다.

　　★ 그는 아직도 학교생활에 적응이 안 된다.

정답　　×

어휘　　参加 cānjiā 참가하다 | 开始 kāishǐ 처음, 시작 | 适应 shìyìng 적응하다 | 生活 shēnghuó 생활

해설　　녹음에서는 직장에 관한 이야기를 하고 있는데 보기 내용은 학교생활에 관한 이야기이다. 따라서 '×'가 정답이다.

13 我生病住院了，妈妈要来医院照顾我，我觉得没必要，所以就没让她来。

나는 병이 생겨 병원에 입원하게 되었다. 엄마가 병원에 와서 보살펴주려고 했지만 나는 그럴 필요가 없다는 생각이 들어 엄마에게 오지 말라고 하였다.

★ 妈妈想来医院照顾我。

★ 엄마가 병원에 와서 나를 보살펴주려고 한다.

정답 ∨

어휘 生病 shēngbìng 병이 나다 | 住院 zhùyuàn 입원하다 | 照顾 zhàogù 보살피다 | 必要 bìyào 필요(성) | 让 ràng …하도록 시키다

해설 녹음에서 '妈妈要来医院照顾我, 엄마가 병원에 와서 보살펴주려고 한다' 라고 했으므로 '∨' 가 정답이다.

14 昨天一直下雨，所以我哪儿也没去，在家里呆了一整天，闷死了。

어제 계속 비가 내려 아무데도 못 가고 하루 종일 집에만 있었는데 너무 지겨웠다.

★ 他喜欢下雨天。

★ 그는 비 오는 날씨를 좋아한다.

정답 ×

어휘 一直 yìzhí 계속 | 呆 dāi 있다, 지내다 | 一整天 yìzhěngtiān 하루 종일 | 闷 mèn 답답하다 | 下雨天 xiàyǔtiān 비가 오는 날씨

해설 녹음에서 '어제 비가 와서 하루 종일 집에 있어 아주 지겨웠다' 라고 했으므로 '×' 가 정답이다.

15 自从我上了英语补习班，我的英语水平提高得非常快，过去我的英语成绩在班里根本数不上，现在我的英语成绩在班里数一数二。

영어 보습학원에 다닌 이후로부터 내 영어 실력은 아주 빠르게 향상되었다. 예전에 내 영어 성적은 반에서 손꼽히지 못했지만 지금은 반에서 일, 이등을 다툴 정도이다.

★ 现在他的英语水平很高。

★ 지금 그의 영어 실력은 아주 높다.

정답 ∨

어휘 自从 zìcóng …한 후 | 补习班 bǔxíbān 보습학원 | 水平 shuǐpíng 수준 | 提高 tígāo 향상하다 | 成绩 chéngjì 성적 | 根本 gēnběn 전혀, 아예 | 数不上 shǔbúshàng …축에 들지 못하다 | 数一数二 shǔyīshǔèr 일(이) 등을 다투다, 뛰어나다

해설 듣기의 맨 마지막 부분에서 '现在我的英语成绩在班里数一数二, 지금 나의 영어 성적은 반에서 일, 이등을 다툴 정도이다' 라고 했으므로 '∨' 가 정답이다.

16 网络的出现，拉近了我们彼此之间的距离，互相联系更方便、更自由了，而且还可以互相分享彼此的信息。

네트워크의 출현은 사람과 사람의 거리를 가까워지게 해주었으며, 연락하기도 훨씬 편해지고 자유로워졌다. 그리고 서로의 정보도 공유할 수 있게 되었다.

★ 网络拉近了人与人之间的距离。

★ 네트워크는 사람과 사람의 거리를 가까워지게 해주었다.

정답 ∨

 网络 wǎngluò 네트워크 | 出现 chūxiàn 출현하다 | 拉近 lājìn 가까워지다 | 彼此 bǐcǐ 피차 |
之间 zhījiān (…의) 사이 | 距离 jùlí 거리 | 互相 hùxiāng 서로 | 联系 liánxì 연락하다 | 自由
zìyóu 자유롭다 | 分享 fēnxiǎng 함께 나누다 | 信息 xìnxī 정보

 듣기의 맨 앞부분에서 '网络的出现, 拉近了我们彼此之间的距离, 네트워크의 출현은 사람과
사람의 거리를 가까워지게 해주었다' 라고 했으므로 'V' 가 정답이다.

17

同样的一道菜, 但是不同的人会做出不
同的味道, 有的人喜欢多放些辣椒, 有
的人喜欢多放一些醋, 还有的人喜欢多
放一点儿糖。

★ 每个人做出的菜味道都一样。

같은 요리라도 하는 사람에 따라 맛이 다를
수 있다. 어떤 사람은 고추를 좀 많이 넣는
것을 좋아하고, 어떤 사람은 식초를, 또 어떤
사람은 설탕을 좀 많이 넣는 것을 좋아한다.

★ 모든 사람이 만든 요리의 맛은 모두 같다.

 ×

 同样 tóngyàng 서로 같다 | 道 dào 문제, 요리 등을 세는 단위 | 菜 cài 요리 | 不同 bùtóng
다르다 | 味道 wèidào 맛 | 放 fàng 넣다 | 辣椒 làjiāo 고추 | 醋 cù 식초 | 糖 táng 설탕의
총칭 | 一样 yíyàng 같다

 듣기의 맨 앞부분에서 '同样的一道菜, 但是不同的人会做出不同的味道, 같은 요리라도 하는
사람에 따라 맛이 다를 수 있다' 라고 했으므로 '×' 가 정답이다.

18

天气预报说, 明天是阴天, 有五到六级
大风, 可能会降温, 所以明天出门的时
候要多穿点儿衣服。

★ 明天很暖和。

일기예보에서 내일은 흐리고 5~6급 정도의
바람이 불 것이며, 기온이 떨어질 수도 있다
고 하였으니 내일 외출할 때 옷을 조금 많이
입어야 한다.

★ 내일은 아주 따뜻하다.

 ×

 预报 yùbào 예보 | 阴天 yīntiān 흐린 날씨 | 级 jí 등급 | 可能 kěnéng 아마도 | 降温 jiàngwēn
기온이 떨어지다 | 出门 chūmén 외출하다 | 暖和 nuǎnhuo 따뜻하다

 듣기에서 날이 흐리고 바람도 불며 기온도 내려가기 때문에 옷을 많이 입어야 한다고 하였
다. 이상 몇 가지 날씨 정보 중 한 가지만 알아들어도 문제를 쉽게 풀 수 있다. 이와 같이
꼭 100% 모두 알아들어야만 문제를 풀 수 있다는 고정 관념을 깨고 과감하게 추측하는 것
도 일종이 방법이라고 할 수 있다.

19

从小我吃惯了妈妈做的菜, 现在虽然结
婚了, 不跟妈妈住在一起, 但我的口味
还是跟以前一样。

★ 他很喜欢吃妈妈做的菜。

나는 어렸을 때부터 엄마가 만든 요리에 익숙
해져서, 비록 지금은 결혼을 해서 엄마와 함께
살고 있지 않지만 내 입맛은 여전하다.

★ 그는 엄마가 만든 요리를 아주 좋아한다.

정답   V

어휘   从小 cóngxiǎo 어린 시절부터 | 吃惯 chīguàn ~을 먹는 것에 습관이 되다 | 虽然 suīrán 비록 …하지만 | 口味 kǒuwèi 입맛

해설   이 문제 같은 경우 듣기 내용이 잘 안 들려도 일반 상식대로 접근해도 된다. 누구든 엄마가 만든 요리를 싫어하는 사람은 아주 보기 드물다. 따라서 'V'가 정답이라는 것을 추측해 낼 수 있다.

20

我最近要准备考试，所以不能陪你出去玩了，等我考完试，我们一起去香山玩儿，好吗?

난 요즘 시험 준비를 해야 하기 때문에 너랑 같이 놀러 나갈 수 없어. 내가 시험을 다 친 다음 우리 샹산에 같이 놀러 가는 게 어때?

★ 他要准备考试。

★ 그는 시험 준비를 해야 한다.

정답   V

어휘   准备 zhǔnbèi 준비하다 | 考试 kǎoshì 시험을 치다 | 陪 péi 동반하다

해설   녹음의 맨 앞부분에서 '我最近要准备考试, 난 요즘 시험 준비를 해야 한다'라고 했으므로 'V'가 정답이다.

第 三 部 分

★ 유형파악 & 공략하기

이 부분의 문제는 모두 남녀 두 사람이 한 문장씩 말하는 대화로 이루어져 있으며, 세 번째 사람이 대화와 관련된 질문을 한다. 응시자는 시험지에 주어진 3개의 선택 항목 중에서 정답을 고르면 된다. 녹음을 두 번 들려주기 때문에 시간적 여유가 있으니 들리는 단어를 보기에서 체크하면서 풀어도 된다.

例如:

男: 小王，帮我开一下门，好吗? 谢谢!

女: 没问题。您去超市了? 买了这么多东西。

问: 男的想让小王做什么?

A　开门

B　拿东西

C　去超市买东西

남: 샤오왕, 문 좀 열어줄 수 있어? 고마워!

여: 문 열어줄게. 마트에 갔었어? 뭘 많이 샀네.

문: 남자는 샤오왕에게 무엇을 하라고 했나?

A　문을 열어달라고

B　물건을 들어달라고

C　마트에 가서 물건을 사달라고

21

女：你有创可贴吗？我的手流血了。
男：有啊，你等着，我给你拿。
问：女的想要什么？
A　钱
B　创可贴
C　感冒药

여：반창고 있어? 손에서 피가 나네.
남：있어. 기다려, 갖다 줄게.
문：여자는 무엇을 달라고 했나?
A　돈
B　반창고
C　감기약

어휘　创可贴 chuāngkětiē 반창고 | 流血 liúxuè 피가 나다 | 拿 ná 가져오다 | 感冒药 gǎnmàoyào 감기약

해설　듣기의 맨 앞부분에서 '你有创可贴吗? 반창고 있어?' 라고 했으므로 여자가 원하는 것이 '반창고' 라는 것을 알 수 있다.

22

男：你再等我一会儿，这里堵车，过10分钟我就能到。
女：没关系，你慢慢来吧。
问：男的为什么晚了？
A　路上堵车
B　去买东西了
C　去洗手间了

남：조금만 더 기다려줘, 여기 차가 막히네. 10분이면 도착할 수 있을 거야.
여：괜찮아, 천천히 와.
문：남자는 왜 늦었나?
A　길이 막혀서
B　물건을 사러 갔기 때문에
C　화장실에 갔기 때문에

어휘　堵车 dǔchē 차가 막히다 | 到 dào 도착하다 | 路 lù 길 | 洗手间 xǐshǒujiān 화장실

해설　핵심어는 '这里堵车, 여기 차가 막히네' 이다. 따라서 남자가 늦은 이유를 알 수 있다.

23

女：今天几号？星期几？
男：今天是12号，不对不对，是13号，星期五，明天我可以休息了。
问：明天几号？
A　12号
B　13号
C　14号

여：오늘이 며칠이야? 무슨 요일이지?
남：오늘은 12일, 아니다, 아니다, 13일 금요일이야. 내일이면 쉴 수 있겠네.
문：내일은 며칠인가?
A　12일
B　13일
C　14일

어휘　星期 xīngqī 요일 | 对 duì 맞다

해설　듣기에서 오늘이 13일이라고 했으므로 내일은 14일이다. 따라서 정답은 C이다.

24 男: 都七点了？我得赶紧走，没时间吃
       饭了，要不然上班会迟到的。
   女: 慢点儿开，路上要小心。
   问: 男的怎么了？
   A   不想上班
   B   上班迟到了
   C   上班要迟到了

남: 벌써 7시야? 빨리 가야겠네. 밥 먹을 시
   간이 없어. 아니면 지각할 거야.
여: 운전 천천히 하고, 조심 해.
문: 남자에게 무슨 일이 생겼나?
A   출근하지 않으려고 한다
B   출근할 때 지각했다
C   출근할 때 지각할 것 같았다

어휘 都 dōu 이미 | 赶紧 gǎnjǐn 서둘러 | 要不然 yàoburán 그렇지 않으면 | 迟到 chídào 지각하다
| 小心 xiǎoxīn 조심하다 | 会…的 huì…de …할 것이다 | 要…了 yào…le 곧…할 것이다

해설 '要…了, 곧…할 것이다' 는 현재 상황이 아니라 곧 어떤 상황이 출현한다는 뜻이므로 C가
정답이다.

25 女: 我可以用一下你的电脑吗？
   男: 这不是我的，我的在三楼的大教室。

   问: 男的的电脑在哪里？
   A   三楼的小教室
   B   三楼的大教室
   C   一楼的大厅里

여: 네 컴퓨터를 좀 써도 돼?
남: 이것은 내 거 아니야, 내 것은 3층 대강
   당에 있어.
문: 남자의 컴퓨터는 어디에 있나?
A   3층 작은 교실에
B   3층 대강당에
C   1층 홀에

어휘 电脑 diànnǎo 컴퓨터 | 楼 lóu 층 | 教室 jiàoshì 교실 | 大厅 dàtīng 홀

해설 핵심어는 '我的在三楼的大教室, 내 것은 3층 대강당에 있어' 이다. 따라서 남자의 컴퓨터가
3층 대강당에 있다는 것을 알 수 있다.

26 男: 您要两份儿三明治，对吧？来点儿什
       么饮料？可乐还是雪碧？

   女: 一样要一个。
   问: 女的要喝什么？
   A   可乐
   B   雪碧
   C   可乐和雪碧

남: 샌드위치 2인분 맞으시죠? 음료수는 무
   엇으로 드릴까요? 콜라를 드릴까요, 아
   니면 스프라이트를 드릴까요?
여: 각 하나씩 주세요.
문: 여자는 무엇을 마시려고 하나?
A   콜라
B   스프라이트
C   콜라와 스프라이트

어휘 份儿 fènr 분, 세트, 몫 | 三明治 sānmíngzhì 샌드위치 | 饮料 yǐnliào 음료 | 雪碧 xuěbì 스프라
이트 | 样 yàng 종류

해설 음료수는 무엇으로 하겠느냐는 남자의 질문에 여자가 각 하나씩 달라고 했으므로 정답은 C이다.

27

女: 请问，有什么可以帮忙的吗?

男: 我想给我女儿买条裙子，给我爱人买条裤子。

问: 女的最可能是做什么的?

A 售货员
B 售票员
C 银行职员

여: 말씀 좀 여쭙겠습니다, 무엇을 도와드릴까요?

남: 딸에게는 치마, 부인에게는 바지를 사주려고 합니다.

문: 여자가 어떤 일을 하는 사람일 가능성가장 큰가?

A 판매원
B 매표원
C 은행직원

어휘 帮忙 bāngmáng 일(손)을 돕다, 도움을 주다 | 裙子 qúnzi 치마 | 裤子 kùzi 바지 | 售货员 shòuhuòyuán 판매원 | 售票员 shòupiàoyuán 매표원 | 职员 zhíyuán 직원

해설 '有什么可以帮忙的吗? 무엇을 도와드릴까요?' 라는 여자의 질문에 남자는 치마와 바지를 사려고 한다고 했으므로 여자가 상점 판매원이라는 것을 알 수 있다.

28

男: 听说你辞职了。

女: 是的，以前的公司工资低，而且压力也大，现在我找到了一份儿更好的工作。

问: 女的为什么辞职了?
A 打算开公司
B 想去外国留学
C 找到了更好的工作

남: 네가 사표를 냈다고 들었는데.

여: 그래, 예전의 회사는 월급이 너무 적을뿐만 아니라, 스트레스가 너무 심했거든. 지금 더 좋은 일자리를 구했어.

문: 여자는 왜 사표를 냈나?
A 회사를 설립하려고
B 외국에 유학 가려고
C 더 좋은 일자리를 구했기 때문에

어휘 辞职 cízhí 사직하다 | 工资 gōngzi 월급 | 低 dī 낮다 | 压力 yālì 과중한 부담, 스트레스 | 打算 dǎsuan …할 생각이다〔작정이다〕 | 开公司 kāigōngsī 창업하다

해설 왜 사표를 냈냐는 남자의 질문에 여자가 더 좋은 일자리를 구했다고 했으므로 정답은 C이다.

29

女: 请问，苹果怎么卖?

男: 大的十块钱一斤，小的八块钱一斤。

问: 对话最可能发生在什么地方?

A 银行
B 市场
C 书店

여: 말씀 좀 여쭙겠습니다, 사과는 어떻게 팝니까?

남: 큰 것은 한 근에 10위안이고, 작은 것은 한 근에 8위안입니다.

문: 대화는 어디에서 발생했을 가능성이 가장 큰가?

A 은행
B 시장
C 서점

어휘 苹果 píngguǒ 사과 | 对话 duìhuà 대화 | 发生 fāshēng 발생하다 | 市场 shìchǎng 시장

해설 사과 가격을 물어보고 있는 내용이므로 대화가 발생한 장소가 시장이라는 것을 알 수 있다.

30

男: 对不起，打扰一下，你知道故宫怎么走吗?

女: 不好意思，我不是本地人，不太清楚，你去问别人吧。

问: 男的在做什么?

A 问路

B 找人

C 买东西

남: 죄송한데요, 말씀 좀 여쭙겠습니다, 고궁에 가려면 어떻게 가야 하는지 아십니까?

여: 미안합니다, 저는 현지인이 아니라서 잘 모릅니다. 다른 사람에게 물어보세요.

문: 남자는 무엇을 하고 있나?

A 길을 묻고 있다

B 사람을 찾고 있다

C 쇼핑을 하고 있다

어휘 打扰 dǎrǎo 폐를 끼치다 | 故宫 gùgōng 고궁 | 本地人 běndìrén 본고장 사람 | 不清楚 buqīngchu 잘 모르겠다 | 问路 wènlù 길을 묻다 | 找人 zhǎorén 사람을 찾다

해설 핵심어는 '你知道故宫怎么走吗? 고궁에 가려면 어떻게 가야 하는지 아십니까?' 이다. 이로써 남자가 길을 묻고 있다는 것을 알 수 있다.

第 四 部 分

★ 유형파악 & 공략하기

이 부분의 문제는 모두 남녀 두 사람이 두 문장씩 말하는 대화로 이루어져 있으며, 세 번째 사람이 대화와 관련된 질문을 한다. 응시자는 시험지에 주어진 3개의 선택 항목 중에서 정답을 고르면 된다. 녹음을 두 번 들려주기 때문에 시간적 여유가 있으니 들리는 단어를 보기에서 체크하면서 풀어도 된다.

例如:

女: 晚饭做好了，准备吃饭了。

男: 等一会儿，比赛还有三分钟就结束了。

女: 快点儿吧，一起吃，菜冷了就不好吃了。

男: 你先吃，我马上就看完了。

问: 男的在做什么?

A 洗澡

B 吃饭

C 看电视

여: 밥 다 됐어. 밥 먹을 준비해.

남: 잠깐만요, 경기가 3분 남았으니 곧 끝날 거에요.

여: 빨리 와, 같이 먹어야지, 반찬 식으면 맛없어.

남: 먼저 드세요. 곧 끝나요.

문: 남자는 무엇을 하고 있나?

A 샤워하고 있다

B 식사를 하고 있다

C TV를 보고 있다

31

男: 到机场多少钱?
女: 60块。
男: 十二点半的飞机，还有两个小时，能赶上吗?
女: 没问题。
问: 男的要去哪里?
A 机场
B 车站
C 商场

남: 공항까지 얼마입니까?
여: 60위안입니다.
남: 12시 비행기이니 아직 2시간 남았어요. 늦지 않겠죠?
여: 문제 없습니다.
문: 남자는 어디에 가려고 하나?
A 공항
B 정류장
C 쇼핑센터

어휘 机场 jīchǎng 공항 | 赶上 gǎnshàng 따라잡다 | 车站 chēzhàn 정류장 | 商场 shāngchǎng 쇼핑센터

해설 핵심어는 '到机场多少钱? 공항까지 얼마입니까?' 이다. 이로써 남자가 공항으로 가려고 하는 것을 알 수 있다.

32

女: 我想再找一份儿工作。
男: 你想打两份儿工啊? 那会很累的。
女: 我知道，但是没办法，因为我现在需要钱。
男: 你要注意身体啊。
问: 女的想要做什么?
A 买鲜花
B 找工作
C 找吃的

여: 일자리를 하나 더 찾아야겠어.
남: 투 잡 하려고? 그럼 힘들 텐데.
여: 알아, 근데 방법이 없어. 난 지금 돈이 필요하거든.
남: 건강을 소홀히 하지 마.
문: 여자는 무엇을 하려고 하나?
A 생화를 사려고
B 일자리를 찾으려고
C 먹을 것을 찾으려고

어휘 份儿 fènr 분, 벌, 세트, 몫, 조각, 부분 | 打工 dǎgōng 아르바이트하다 | 办法 bànfǎ 방법 | 需要 xūyào 필요하다 | 注意 zhùyì 주의하다, 조심하다 | 鲜花 xiānhuā 생화 | 找 zhǎo 찾다

해설 녹음의 맨 앞부분에서 여자가 '我想再找一份儿工作, 일자리를 하나 더 찾아야겠어' 라고 했으므로 여자가 지금 일자리를 찾고 있다는 것을 알 수 있다.

33

男: 下班以后你一般做什么?
女: 有时候去游泳，有时候去逛街。
男: 那今晚我们去王府井逛逛，怎么样?
女: 好啊，顺便在那里吃点儿东西吧，我想吃那里的小吃。
问: 今晚他们要去哪里?

남: 퇴근하면 보통 뭐해?
여: 때로는 수영하고, 때로는 아이쇼핑을 해.
남: 그럼 오늘 저녁에 우리 왕푸징에 가서 아이쇼핑 하는 게 어때?
여: 좋지, 가는 김에 거기서 뭐 좀 먹자. 난 왕푸징 먹거리가 먹고 싶어.
문: 오늘 저녁에 그들은 어디에 가려고 하나?

A　商店 | A　상점
B　王府井 | B　왕푸징
C　游泳池 | C　수영장

어휘 　游泳 *yóuyǒng* 수영하다 | 逛街 *guàngjiē* 아이쇼핑하다 | 王府井 *Wángfǔjǐng* 왕푸징 | 逛 *guàng* 거닐다 | 顺便 *shùnbiàn* …하는 김에 | 小吃 *xiǎochī* 간단한 먹을거리, 스낵, 간식 | 游泳池 *yóuyǒngchí* 수영장

해설 　남자가 '那今晚我们去王府井逛逛，怎么样? 그럼 오늘 저녁에 우리 왕푸징에 가서 아이쇼핑하는 게 어때?'라고 제안하자 여자가 좋다고 했으므로 이들이 오늘 저녁에 왕푸징에 간다는 것을 알 수 있다.

34

女:　你的生日是几月几号?
男:　5月4号，那天正好是星期六。
女:　是吗? 太好了，那咱们找几个好朋友，出去庆祝一下怎么样?
男:　可以呀，最近学习压力太大了，正想找个机会放松一下呢。
女:　好吧，那我负责联系朋友，你负责找地方。
问:　男的负责什么?
A　做菜
B　找朋友
C　找玩儿的地方

여:　네 생일이 몇 월 며칠이야?
남:　5월 4일인데 그날이 마침 토요일이야.
여:　그래? 잘됐다. 그럼 우리 친구 몇 명을 불러 파티하는 게 어때?
남:　좋지, 요즘 공부 때문에 스트레스가 많이 쌓여서 마침 긴장을 좀 풀고 싶었는데.
여:　좋아, 그럼 내가 친구들에게 연락하는 거 책임 질 테니, 넌 장소를 알아보는 거 책임져.
문:　남자는 무엇을 책임지나?
A　요리하는 것
B　친구를 찾는 것
C　노는 곳을 찾는 것

어휘 　正好 *zhènghǎo* 마침 | 庆祝 *qìngzhù* 경축하다 | 压力 *yālì* 스트레스, 압력 | 放松 *fàngsōng* 늦추다, 정신적 긴장을 풀다 | 负责 *fùzé* 책임지다 | 联系 *liánxì* 연락하다

해설 　여자가 '那我负责联系朋友，你负责找地方，그럼 내가 친구들에게 연락하는 거 책임 질 테니, 넌 장소를 알아보는 거 책임져'라고 했으므로 정답은 C이다.

35

男:　明天你要早点儿到公司，准备早上开会的资料。
女:　知道了，经理，我会早到的。
男:　准备好咖啡和茶，噢，对了，再准备点儿水果。
女:　我会弄好的，经理，您放心吧。

问:　他们是什么关系?
A　朋友
B　上下级
C　服务员和顾客

남:　내일 조금 일찍 회사에 와서 아침 회의 자료를 준비 해줘야 합니다.
여:　알겠습니다, 사장님, 제가 일찍 올게요.
남:　커피와 차를 준비하고, 참, 과일도 좀 준비하세요.
여:　제가 알아서 해 놓을게요. 사장님, 걱정 마세요.

문:　그들은 어떤 사이인가?
A　친구 사이다
B　상급자와 하급자 사이이다
C　종업원과 고객 사이이다

 准备 zhǔnbèi 준비하다 | 资料 zīliào 자료 | 经理 jīnglǐ 사장, 경영 관리 책임자 | 水果 shuǐguǒ 과일 | 弄好 nònghǎo 다 해 놓다 | 放心 fàngxīn 마음을 놓다 | 关系 guānxi 관계 | 上下级 shàngxiàjí 상급과 하급 | 顾客 gùkè 고객

 남자가 여자에게 내일 일찍 출근하여 회의 자료 등을 준비하라고 했으며, 여자가 남자에게 사장님이라고 칭하고 있기 때문에 이들이 상급자와 하급자 사이라는 것을 알 수 있다.

36

女: 你看到我的手机了吗?	여: 내 핸드폰 봤어?
男: 没有啊, 刚才你不是还打过电话吗?	남: 아니, 방금 까지도 전화하지 않았어?
女: 是啊, 我记得放在桌子上了, 怎么不见了呢?	여: 그래, 내 기억으로는 테이블 위에 올려놓은 것 같은데, 왜 안 보이지?
男: 那你看看桌子底下有没有? 要不用我的手机打个电话试试。	남: 그럼 테이블 밑에 있는지 봐봐, 아니면 내 핸드폰으로 전화 한 번 해보든지.
问: 女的在找什么?	문: 여자는 무엇을 찾고 있나?
A 手机	A 핸드폰
B 钱包	B 지갑
C 钥匙	C 열쇠

 手机 shǒujī 휴대폰 | 记得 jìde 기억하고 있다 | 不见 bújiàn 없어지다 | 底下 dǐxia 아래 | 要不 yàobù 그렇지 않으면 | 用 yòng 사용하다 | 试试 shìshi 한번 해보다 | 钱包 qiánbāo 지갑 | 钥匙 yàoshi 열쇠

 듣기의 맨 앞부분에서 여자가 '你看到我的手机了吗? 내 핸드폰 봤어?' 라고 했으므로 정답은 A이다.

37

男: 小丽, 听说你打上网球了。	남: 샤오리, 네가 테니스를 배우기 시작했다고 들었는데.
女: 是啊, 不过没人教我, 所以进步很慢。哎, 你会不会打网球啊?	여: 그래, 근데 가르쳐주는 사람이 없어 늘지가 않네, 참, 너 테니스 칠 줄 알아?
男: 会啊, 要不要我教你啊?	남: 알지, 내가 가르쳐 줄까?
女: 当然要啦, 这个星期天我们一起去打网球吧, 打完球以后我请你吃饭。	여: 좋지, 그럼 이번 주 일요일 우리 같이 테니스 치러 가자, 테니스를 치고 나서 내가 밥 사줄게.
问: 女的为什么要请男的吃饭?	문: 여자는 왜 남자에게 밥을 사주려고 하나?
A 男的教她英语	A 남자가 그녀에게 영어를 가르쳐 주기 때문에
B 男的帮她搬家	B 남자가 이사를 도와주기 때문에
C 男的教她打网球	C 남자가 그녀에게 테니스를 가르쳐주기 때문에

 打上 dǎshàng …하기 시작하다 | 网球 wǎngqiú 테니스 | 教 jiāo 가르치다 | 进步 jìnbù 진보하다 | 搬家 bānjiā 이사하다

 녹음에서 남자가 여자에게 테니스를 가르쳐 줄 수 있다고 하자 여자는 이번 주 일요일에 같이 테니스를 친 다음 밥을 사준다고 했으므로 C가 정답이다.

38

女：你知道小李家在哪儿吗？	여：샤오리네 집이 어디에 있는지 알아？
男：不知道，我一次也没去过。	남：모르는데, 난 한 번도 가본 적이 없어.
女：那这样吧，明天下午我去你家接你，我们一起去吧。	여：그럼 이렇게 하자, 내일 오후에 내가 너희 집으로 갈 테니, 우리 같이 가자.
男：好的，那我在家等你。	남：좋아, 그럼 집에서 기다릴게.
问：他们明天想做什么？	문：그들은 내일 무엇을 하려고 하나？
A　去朋友家	A　친구네 집에 가려고
B　去买东西	B　쇼핑하러 가려고
C　去看电影	C　영화 보러 가려고

어휘　接 jiē 마중하다 | 电影 diànyǐng 영화

해설　녹음에서 여자와 남자는 샤오리네 집에 가자고 약속하고 있으므로 A가 정답이다.

39

男：这两天我没有食欲，浑身没劲儿。	남：요즘 난 식욕이 없고 전신이 나른하네.
女：是不是工作太累了？	여：일이 너무 힘든 거 아니야？
男：不是，可能是感冒了吧。	남：아니야, 아마 감기에 걸려서 그럴 거야.
女：你最好是去医院看看吧，最近得流感的人特别多，要小心啊。	여：병원에 가보는 것이 좋을 거야. 요즘 유행성 감기에 걸린 사람이 아주 많으니 조심해.
问：男的怎么了？	문：남자에게 무슨 일이 생겼나？
A　住院了	A　입원을 했다
B　感冒了	B　감기에 걸렸다
C　去医院了	C　병원에 갔다

어휘　食欲 shíyù 식욕 | 浑身 húnshēn 전신 | 劲儿 jìnr 힘 | 得 dé 병에 걸리다 | 流感 liúgǎn 유행성 감기

해설　녹음에서 남자가 요즘 식욕이 없고 전신이 나른한 것이 아마 감기에 걸려서인 것 같다고 했으므로 B가 정답이다.

40

女：昨天的聚会，你去了吗？	여：어제 모임에 갔었어？
男：去了，可是很没意思，你怎么没去啊？	남：갔었는데 재미가 하나도 없었어, 넌 왜 안 갔어？
女：本来我打算去来着，可是因为临时有事，所以没去成。	여：원래 가려고 했는데, 갑자기 일이 생겨서 못 가게 됐어.
男：来了很多人，乱糟糟的。	남：사람들이 많이 왔는데, 너무 어수선했어.
问：昨天的聚会怎么样？	문：어제 모임은 어땠었나？
A　一般	A　그저 그렇다
B　很有意思	B　아주 재미있었다
C　很没意思	C　아주 재미없었다

어휘　聚会 jùhuì 모임 | 来着 láizhe …을 하고 있었다 | 临时 línshí 잠시, 임시, …직전에 | 去成 qùchéng 가게 되다 | 乱糟糟 luànzāozāo 어수선하고 너저분하다 | 一般 yìbān 보통이다, 그저 그렇다

해설　어제 모임에 가긴 갔었는데 재미가 하나도 없다고 했으므로 C가 정답이다.

二、阅 读

第 一 部 分

보기가 A B C D E F로 모두 6개이지만, 그 중 하나는 예문의 보기이기 때문에 실제
로는 5개의 보기와 41-45번 문제와 매치하는 셈이다. 즉 41-45 문제 뒤에 이어서 올 말을
보기에서 고르면 된다.

41번~45번 문제

A	哪儿的话，我还没有女朋友呢。	아니야, 난 아직 여자 친구도 없어.
B	可以是可以，不过听说明天下午要下雨。	되긴 되는데, 내일 오후에 비가 온대.
C	我觉得屋里的空气不太好，所以想换换空气。	방 안 공기가 안 좋은 것 같아서 환기 좀 시키려고.
D	那怎么办? 麻烦您再帮我好好儿看一看，好吗?	그럼 어떻게 하죠? 번거로우시겠지만 다시 한 번 잘 봐주시면 안 될까요?
E	当然。我们先坐公共汽车，然后换地铁。	당연히 알죠. 먼저 버스를 타고, 그 다음 지하철을 갈아타면 됩니다.
F	是在第一百货商店买的，最近正在打折，你快去买吧。	제일 백화점에서 샀어. 요즘 세일하고 있으니 빨리 사러 가.

例如: 你知道怎么去那儿吗?　　그곳에 가려면 어떻게 가야 하는지 아십니까?

정답 当然。我们先坐公共汽车，然后换地铁。　　당연히 알죠. 먼저 버스를 타고, 그 다음 지하철을 갈아타면 됩니다.　　(E)

41 你的衣服真漂亮! 在哪儿买的? 我也想买一件。　　네 옷 정말 예쁘다! 어디에서 샀어? 나도 하나 사고 싶은데.

정답 是在第一百货商店买的，最近正在打折，你快去买吧。　　제일 백화점에서 샀어. 요즘 세일하고 있으니 빨리 사러 가.　　(F)

어휘 漂亮 piàoliang 예쁘다 | 百货商店 bǎihuòshāngdiàn 백화점 | 打折 dǎzhé 디스카운트하다

해설 옷을 어디에서 샀느냐고 묻고 있기 때문에 보기에서 옷을 산 장소를 언급한 내용을 고르면 된다. 보기 F에서 '제일 백화점에서 샀다' 라고 했으므로 F가 정답이다.

42	你不冷吗? 怎么把窗户打开了?	너 안 추워? 왜 창문을 열어놨어?

정답 我觉得屋里的空气不太好，所以想换换空气。 | 방 안의 공기가 안 좋은 것 같아서 환기 좀 시키려고. （ C ）

어휘 窗户 chuānghu 창문 | 屋里 wūli 방안 | 空气 kōngqì 공기 | 换空气 huànkōngqì 환기시키다

해설 창문을 왜 열어놨느냐는 질문인데 보기를 살펴보면 A는 여자친구, B는 날씨, E는 교통수단과 관련된 내용이므로 일단 정답에서 제외한다. C와 D 둘 중에서 C가 창문을 열어놓은 이유를 설명하는 내용이므로 C가 정답이다.

43	对不起，今天去天津的火车票都卖光了。	죄송한데요, 오늘 톈진 가는 기차표가 매진되었습니다.

정답 那怎么办? 麻烦您再帮我好好儿看一看，好吗? | 그럼 어떻게 하죠? 번거로우시겠지만 다시 한 번 잘 봐주시면 안 될까요? （ D ）

어휘 天津 Tiānjīn 톈진 | 火车票 huǒchēpiào 기차표 | 卖光 màiguāng 매진되다 | 麻烦 máfan 귀찮게 〔성가시게·번거롭게〕 하다 | 帮 bāng 돕다

해설 기차표가 다 팔렸다고 했으니 그 뒤에 올 말은 기차표를 사지 못해 초조해하는 내용이어야 한다. 따라서 D가 정답이다.

44	听说你要结婚了，祝贺你呀!	너 결혼한다며, 축하해!

정답 哪儿的话，我还没有女朋友呢。 | 아니야, 난 아직 여자 친구도 없어. （ A ）

어휘 听说 tīngshuō 듣건대 …이라 한다 | 祝贺 zhùhè 축하하다 | 哪儿的话 nǎrdehuà 천만에요

해설 보기 중에 이젠 A와 B만 남았다. 그런데 B는 날씨와 관련된 내용이므로 결혼 축하한다는 말 뒤에 올 수 없으므로 A가 정답이라는 것을 알 수 있다.

45	今天我有点儿事儿，明天下午陪你去，可以吗?	오늘 내가 일이 좀 있거든, 내일 너랑 같이 가주면 안 될까?

정답 可以是可以，不过听说明天下午要下雨。 | 되긴 되는데, 내일 오후에 비가 온대. （ B ）

어휘 有点儿 yǒudiǎnr 조금 | 事儿 shìr 일 | 陪 péi 동반하다

해설 보기 중에 B 하나만 남았으니 정답을 쉽게 찾을 수 있다.

46번~50번 문제

A	你不要太多心，我对你没什么意见。	너무 민감하게 반응하지 마, 난 너에 대해 아무런 불만도 없어.
B	为什么不送他去美国啊? 听说澳大利亚的英语发音不太标准。	왜 미국으로 보내지 않나요? 오스트레일리아의 영어 발음이 표준적이지 못하다고 들었는데.
C	是吗? 我还以为他比你大好几岁呢。	그래요? 저는 저 분이 당신보다 몇 살 많은 줄 알았어요.
D	真羡慕你呀，这个周末我得加班。	정말 부럽다. 난 이번 주 토요일에 특근해야 하는데.

| E | 放心吧，忘不了。哦，对了，晚饭我已经做好了。 | 걱정하지 마, 잊지 않을 거야. 참, 저녁밥은 이미 다 해놨어. |

46 妈妈，今天晚上六点半开家长会，你别忘了。
엄마, 오늘 저녁 6시 반에 학부형회 하는 거 잊지 마세요.

정답 放心吧，忘不了。哦，对了，晚饭我已经做好了。
걱정하지 마, 잊지 않을 거야. 참, 저녁밥은 이미 다 해놨어. （ E ）

어휘 开 kāi (회의를) 열다 | 家长会 jiāzhǎnghuì 학부형회 | 忘 wàng 잊다

해설 오늘 저녁에 학부형회가 있으니 잊지 말라는 말 뒤에 이어지는 말은 '알았다' 혹은 '잊지 않을 거야' 등이어야 한다. 보기를 살펴보면 E가 이러한 내용이다.

47 我打算送我的孩子去澳大利亚留学。
아이를 오스트레일리아로 유학 보낼 생각입니다.

정답 为什么不送他去美国啊? 听说澳大利亚的英语发音不太标准。
왜 미국으로 보내지 않나요? 오스트레일리아의 영어 발음이 표준적이지 못하다고 들었는데. （ B ）

어휘 打算 dǎsuan …할 생각이다 | 送 sòng 보내다 | 澳大利亚 àodàlìyà 오스트레일리아 | 发音 fāyīn 발음 | 标准 biāozhǔn 표준적이다

해설 문제와 보기B에 모두 '澳大利亚, 오스트레일리아' 가 있으니 B가 정답이라는 것을 알 수 있다. 이와 같이 문제와 보기에 같은 단어가 있는지 우선 확인한 다음 내용을 살펴보면 문제를 쉽게 풀 수 있다.

48 他显得老，其实，他没有我大。
저 분은 나이가 들어 보일 뿐이지, 사실은 저보다 나이가 어립니다.

정답 是吗? 我还以为他比你大好几岁呢。
그래요? 저는 저 분이 당신보다 몇 살 많은 줄 알았어요. （ C ）

어휘 显得 xiǎnde …하게 보이다 | 其实 qíshí 사실 | 以为 yǐwéi …인 줄알다[현대 한어에서 주로 '…라고 여겼는데 아니다' 라는 부정적인 어기를 내포함] | 岁 suì 살, 세 [연령을 세는 단위]

해설 문제가 나이에 관한 내용이니 보기에서 나이에 관한 내용을 찾으면 된다.

49 我跟朋友约好了这个星期六一起去雁荡山看红叶。
난 이번 주 토요일에 친구랑 앤땅산에 놀러 가기로 약속했어.

정답 真羡慕你呀，这个周末我得加班。
정말 부럽다. 난 이번 주 토요일에 특근해야 하는데. （ D ）

어휘 约好 yuēhǎo 약속해 놓다 | 雁荡山 Yàndàngshān 앤땅산 | 红叶 hóngyè 단풍 | 羡慕 xiànmù 부러워하다 | 加班 jiābān 초과 근무를 하다

해설 보기 중에 이젠 A와 D만 남았는데 보기 D내용을 살펴보면 자기는 야근을 해야 한다며 앤땅산에 놀러 가는 것을 부러워하고 있으니 D가 정답이다.

50 你是不是对我有什么意见啊?　　　　너 나한테 무슨 불만 있는 거 아니야?

정답 你不要太多心，我对你没什么意见。　　너무 민감하게 반응하지 마, 난 너에 대해 아
　　　　　　　　　　　　　　　　　　　무런 불만도 없어.　　　　　　　(A)

어휘 意见 yìjiàn 의견, 불만 | 多心 duōxīn 민감하게 반응하다

해설 문제와 보기A에 모두 '意见, 의견'이 나와 있으며 보기A의 내용도 문제와 매치되기 때문에
A가 정답이다.

第 二 部 分

보기가 A B C D E F로 모두 6개이지만, 그 중 하나는 예문의 보기이기 때문에 실제
로는 5개의 보기 단어를 51-55번 문제 5개의 빈칸에 넣는 셈이다. 즉 한 문제의 빈칸에 한
단어를 골라 채우면 된다.

51번~55번 문제

A	点	시
B	路	버스 노선을 세는 단위
C	手机	핸드폰
D	声音	목소리
E	到	~까지
F	方便	편하다

例如：　她说话的（D 声音）多好听啊!　　그녀가 말하는 (목소리)가 정말 듣기 좋네요!

51 我可以用一下你的（C 手机）吗?　　내가 네 (핸드폰)을 좀 써도 돼?

어휘 用 yòng 사용하다 | 手机 shǒujī 휴대폰

해설 '可以用一下~吗?'은 '~을 사용해도 됩니까?'라는 뜻이므로 괄호 안에 들어갈 단어는 명
사이어야 한다. 보기에 명사는 '手机, 핸드폰', '声音, 목소리' 두 개 밖에 없는데 이 문장
의 뜻을 해석해 보면 '手机, 핸드폰'이 정답이라는 것을 알 수 있다.

52 你可以坐32（B 路）公共汽车，也　　32(번) 버스를 타고 가도 되고, 택시를 타고 가
可以打车去。　　　　　　　　　　도 돼.

어휘 坐 zuò 타다 | 打车 dǎchē 택시를 타다

해설 버스 노선을 표기할 때 쓰는 양사는 '路'이다.

53 我们公司午休时间是从十二点（E 到）一点。　　우리 회사의 점심 휴식시간은 12시부터 1시(까지)이다.

어휘 午休 wǔxiū 점심 휴식을 취하다 | 从…到 cóng …dào …부터…까지

해설 '从…到' 은 '…부터…까지' 시간이나 거리를 모두 나타낼 수 있다.
예) '从8号到11号, 8일부터 11일까지', '从首尔到釜山, 서울부터 부산까지'

54 我大概两（A 点）半能到，你在百货商店门口等我吧。　　나는 대략 2(시) 반에 도착할 수 있으니까 네가 백화점 정문에서 기다려.

어휘 大概 dàgài 아마, 대략 | 门口 ménkǒu 입구 | 等 děng 기다리다

해설 '点' 은 구체적인 시간을 나타낼 때 사용하며, '수사+点' 의 형식을 취한다. 그러나 '时间' 은 '시간' 이라는 뜻으로 구체적인 시간을 나타낼 수 없고 단독으로 쓰는 경우가 많다.
예) '今天我没有时间, 나는 오늘 시간이 없다'

55 我现在接电话不太（F 方便），到家以后我给你打电话。　　내가 지금 전화 받기 불(편하니), 집에 도착하면 내가 전화할게.

어휘 接 jiē 받다 | 电话 diànhuà 전화 | 到家 dàojiā 집에 도착하다

해설 '方便' 은 형용사이며, '(어떤 일을 하는데 있어) 편리하다' 란 뜻을 나타낸다. '方便' 의 부정은 '不方便' 이고, '不太' 은 '그다지~하지 않다' 란 뜻을 나타낸다.

★ 유형따악 & 공략하기

보기가 A B C D E F로 모두 6개이지만, 그 중 하나는 예문의 보기이기 때문에 실제로는 5개의 보기 단어를 56-60번 문제 5개의 빈칸에 넣는 셈이다. 즉 한 문제의 빈칸에 한 단어를 골라 채우면 된다. 이 부분의 문제는 모두 대화로 이루어져 있으니 문제를 풀 때 대화의 흐름을 잘 따악해야 한다.

56번~60번 문제

A	一般	그저 그렇다
B	伤	다치다
C	出	나오다
D	爱好	취미
E	现金	현금
F	试试	해보다

例如：　A:　你有什么（D 爱好）?　　당신은 어떤 (취미)가 있습니까?
　　　　B:　我喜欢体育。　　저는 운동을 좋아합니다.

56   A: 你为什么要换房间?

      B: 房间里不（C 出）热水，而且旁边的房间特别吵。

왜 방을 바꾸려고 합니까?

방에 따뜻한 물이 안 (나오고), 게다가 옆방이 너무 시끄러워요.

换 huàn 바꾸다 | 房间 fángjiān 방 | 出 chū 나오다 | 热水 rèshuǐ 따뜻한 물 | 吵 chǎo 시끄럽다

'出'는 '(물, 피 등 액체가) 나오다' 란 뜻을 나타낸다.

57   A: 我们公司食堂的饭菜一点儿也不好吃。

      B: 我们公司食堂的饭菜也很（A 一般），所以中午我一般都去外边的饭店吃。

우리 회사 구내식당 반찬은 맛이 하나도 없어.

우리 회사 구내식당 반찬도 (그저 그래), 그래서 난 보통 밖에 식당에서 먹어.

食堂 shítáng 구내식당 | 饭菜 fàncài 밥과 반찬 | 一般 yìbān 보통, 일반적으로, 그저 그렇다

'一般' 은 '일반적으로' 란 뜻으로 많이 쓰이지만, '(어떤 사람이나 물건이) 그저 그렇다' 란 뜻도 있다.

58   A: 你的孩子把我的孩子打（B 伤）了。

      B: 是吗? 严不严重，要不要去医院看一看?

당신 아이가 우리 아이를 때려서 (다치게) 했어요.

그래요? 심각합니까? 병원에 안 가 봐도 되겠습니까?

把 bǎ 목적어를 동사 앞에 전치시킬 때 쓰임 | 打伤 dǎshāng 때려서 다치다 | 严重 yánzhòng 위급하다 | 医院 yīyuàn 병원

'把' 자문은 동작이 어떤 사물을 어떻게 처리했는지 그리고 그 처리 결과를 강조하여 설명할 경우에 주로 쓰이며, 특징은 목적어를 술어동사 앞에 놓는 것이다. '把' 자문의 형식은 '주어+把+목적어+동사+기타성분(어떻게 처리되었는지 혹은 처리의 결과)' 이다. 여기서 기타 성분은 '了', 결과보어, 정도보어, 동사의 중첩 등이 해당된다.

你的孩子　　　把　　　　我的孩子　　　打　　　　伤了。
↳ 주어　　　↳ 把　　↳ 목적어　　↳ 동사　　↳ 기타성분(결과보어)
당신 아이가 우리 아이를 때려서 다치게 했어요.

59   A: 这件衣服有点儿小，我可以（F 试试）那件吗?

      B: 当然可以了，您稍等。

이 옷이 조금 작아요, 저 옷을 (입어 봐도) 됩니까?

당연히 되죠. 잠깐만요.

试 shì 시험삼아 해 보다 | 稍 shāo 약간 | 等 děng 기다리다

'试试' 은 '어떤 일을 해보다' 란 뜻으로 여러 가지 상황에서 사용할 수 있다. 예를 들면 요리 할 때 '试试' 은 '요리를 좀 해보다' 란 뜻을 나타내고, 운전을 배울 때 '试试' 은 '운전을 좀 해보다' 란 뜻을 나타낸다.

60

A: 昨天跟朋友一起逛街的时候，我丢了钱包。

어제 친구랑 같이 아이쇼핑을 할 때 지갑을 잃어버렸어.

B: 是吗? 里面有没有（E 现金）?

그래? 안에 (현금)이 있었어?

어휘　逛街 guàngjiē 아이쇼핑하다 | 丢 diū 잃다 | 钱包 qiánbāo 지갑 | 现金 xiànjīn 현금

해설　지갑을 잃어버렸다고 하였으니 지갑 속에 현금이나 신용카드 등이 있냐고 물어보면서 관심을 보이는 것이 정상이니 E가 정답이다.

第 三 部 分

★ 유형따악 & 공략하기

이 부분의 문제는 하나의 단문과 3개의 선택 항목으로 구성되어 있다. 보기 중에서 단문 내용과 일치하는 것을 선택하면 된다. 문제를 풀 때 우선 단문에 나와 있는 인물, 시간, 장소, 주제 등을 연필로 체크해 놓으면 정답을 쉽게 찾을 수 있다.

61번~70번 문제

例如: 您是来参加今天会议的吗? 您来早了一点儿，现在才八点半。您先进来坐吧。

회의 참석하러 오셨습니까? 조금 일찍 오셨네요, 지금 8시 반이니, 우선 들어오셔서 앉아 계세요.

★ 会议最可能几点开始?

★ 회의는 몇 시에 시작할 가능성이 가장 큰가?

A　8点

B　8点半

C　9点

A　8시

B　8시반

C　9시

61

俗话说: "笑一笑，十年少，愁一愁，白了头"，"笑口常开，青春常在"。

속담에 이런 말이 있습니다. "웃으면 10년 젊어 보이고, 근심 걱정하면 머리가 하얘진다.", "항상 웃으면 청춘은 항상 당신 곁에 있을 것이다."

★ 根据这两句话，可以知道:

★ 이 말에 근거하여, 알 수 있는 것은:

A　不能笑

B　要经常笑

C　笑的话会年轻10岁

A　웃으면 안 된다

B　자주 웃어야 한다

C　웃으면 10년 젊어진다

어휘　俗话 súhuà 속담 | 说 shuō 말하다 | 笑 xiào 웃다 | 少 shào 젊다 | 愁 chóu 근심하다 | 笑口常开 xiàokǒuchángkāi 늘 웃다 | 青春 qīngchūn 청춘 | 在 zài 존재하다

해설　문장에서 웃으면 10년 젊어 보이고 늘 웃으면 청춘은 항상 당신 곁에 있을 것이라고 하였으니 B가 정답이다.

62

我跟一个朋友碰巧买了同样款式和颜色的衣服，有的朋友就问我们：你们俩的衣服是不是一起买的？

나는 친구랑 우연히 스타일과 색상이 같은 옷을 샀다. 그래서 어떤 친구들은 우리에게 "너희들이 옷을 같이 산 거 아니야?" 라고 물었다.

★ 两件衣服：

A 完全一样
B 颜色不同
C 是一起买的

★ 두 옷은:

A 완전히 같다
B 색상이 같지 않다
C 같이 산 것이다

어휘 碰巧 pèngqiǎo 우연히 | 款式 kuǎnshì 스타일 | 颜色 yánsè 색 | 不同 bùtóng 다르다

해설 문장에서 친구와 우연히 스타일과 색상이 같은 옷을 샀다고 했으므로 두 사람이 산 옷이 완전히 같다는 것을 알 수 있다. 따라서 A가 정답이다.

63

黄昏时的夕阳，虽然短暂，但却是一天中最美的时刻，夕阳的余晖不刺眼也不热。白天的太阳也很漂亮，只是有些刺眼。

황혼의 석양은 비록 짧지만 하루 중 가장 아름다울 때이다. 석양의 낙조는 눈부시지 않고 덥지도 않다. 대낮의 태양은 예쁘지만 눈이 조금 부시다.

★ 夕阳：

A 很热
B 非常美
C 很刺眼

★ 석양은:

A 아주 뜨겁다
B 매우 아름답다
C 아주 눈부시다

어휘 黄昏 huánghūn 황혼 | 夕阳 xīyáng 석양 | 虽然 suīrán 비록 …하지만 | 短暂 duǎnzàn (시간이) 짧다 | 却 què …지만 | 时刻 shíkè 시간 | 余辉 yúhuī 낙조, 석양빛 | 刺眼 cìyǎn 눈이 부시다 | 白天 báitiān 대낮

해설 상식적으로 생각해 봐도 '석양이 뜨겁다'와 '석양이 아주 눈부시다'는 오답이라는 것을 알 수 있다. 따라서 B가 정답이다.

64

我来介绍一下日程安排，我们首先要去上海，在上海大概住两天，然后到杭州，在杭州大概住一天，最后从杭州返回北京。

일정을 좀 소개 해드리겠습니다. 우선 상하이에 갈 것이고, 상하이에서 2일 머무를 것이며, 그 다음 항저우로 갑니다. 항저우에서 대략 하루 머물고, 마지막에 항저우에서 베이징으로 돌아옵니다.

★ 在杭州住几天？

A 一天
B 两天
C 三天

★ 항저우에서 며칠 머무를 것인가?

A 1일
B 2일
C 3일

어휘 日程 rìchéng 일정 | 安排 ānpái 안배하다 | 首先 shǒuxiān 가장 먼저 | 住 zhù 묵다 | 返回 fǎnhuí 되돌아가다

해설 문장 마지막 부분의 '在杭州大概住一天, 항저우에서 대략 하루 머무르다'는 보기 A와 일치하므로 A가 정답이다.

65

小明，你爸爸说要戒烟，所以如果他抽烟的话，你一定要告诉妈妈，我们一起督促他戒烟，好不好？

샤오밍, 너희 아빠가 담배를 끊는다고 말씀하셨으니, 만약 아빠가 담배를 피우시면 엄마에게 알려줘. 우리 같이 아빠의 금연을 감독하자.

★ 根据这句话，可以知道：

★ 이 말을 통해 알 수 있는 것은:

A 小明抽烟
B 爸爸决定戒烟
C 小明的妈妈抽烟

A 샤오밍이 담배를 피운다
B 아빠가 금연하기로 결심했다
C 샤오밍의 엄마가 담배를 피운다

어휘 戒 jiè 끊다 | 烟 yān 담배 | 抽烟 chōuyān 담배를 피다 | 一定 yídìng 반드시 | 督促 dūcù 감독·재촉하다 | 根据 gēnjù …에 의거하여 | 句 jù 문장 | 决定 juédìng 결정〔결심·결의·의결〕하다

해설 문장 맨 앞부분의 '小明，你爸爸说要戒烟, 샤오밍, 너희 아빠가 담배를 끊는다고 말씀하셨어'는 보기 B와 일치하므로 B가 정답이다.

66

篮球比赛已经结束了，虽然我们尽了全力，但还是输了，真是太可惜了！

농구 시합은 이미 끝났다. 우리는 최선을 다했지만 지고 말았다. 정말 너무 아쉽다!

★ 这场比赛：

★ 이 시합은:

A 我们赢了
B 我们中途放弃了
C 我们输给了对方

A 우리가 이겼다
B 우리는 중도에 포기했다
C 우리는 상대에게 패했다

어휘 篮球 lánqiú 농구 | 比赛 bǐsài 경기 | 结束 jiéshù 끝나다 | 尽 jìn 다하다 | 全力 quánlì 온 힘 | 输 shū 패하다 | 赢 yíng 이기다 | 中途 zhōngtú 중도 | 放弃 fàngqì 포기하다

해설 보기 A와 B는 모두 문장 내용과 상충되므로 정답이 될 수 없다. 따라서 C가 정답이다.

67

小王对历史很感兴趣，所以有机会的话，他想去北京和西安看一看，这样可以加深对中国历史的了解。

샤오왕은 역사에 대해 아주 관심이 많다. 그래서 기회가 된다면 그는 베이징과 서안에 가서 구경을 좀 하려고 한다. 그러면 중국 역사에 대한 이해가 더 깊어질 수 있다.

★ 他希望：

★ 그가 바라는 것은:

A 学电脑
B 多看历史书
C 多看看历史遗迹

A 컴퓨터를 배우는 것
B 역사책을 많이 보는 것
C 역사 유적지를 많이 보는 것

어휘 历史 lìshǐ 역사 | 感兴趣 gǎnxìngqù 관심이 있다 | 加深 jiāshēn 깊어지다 | 了解 liǎojiě 자세하게 알다 | 电脑 diànnǎo 컴퓨터 | 遗迹 yíjì 유적

해설 문장에서 샤오왕은 역사에 대해 아주 관심이 많으며 베이징과 서안에 가서 구경하고 싶다고 했으므로 C가 정답이다.

68

篮球? 刚才还在这儿来着，怎么没了呢？来，我帮你找，你看看沙发底下有没有。

★ 篮球：

A 没了
B 是棕色的
C 在沙发底下

농구공? 방금 이곳에 있었는데, 왜 없어졌지? 내가 찾아봐 줄게. 소파 밑에 있는 지 한 번 봐봐.

★ 농구공은:

A 없어졌다
B 갈색이다
C 소파 밑에 있다

어휘 来着 láizhe …을 하고 있었다 | 没了 méile 없어지다 | 沙发 shāfā 소파 | 底下 dǐxia 아래 | 棕色 zōngsè 갈색

해설 문장 맨 앞부분의 '篮球? 刚才还在这儿来着, 怎么没了呢? 농구공? 방금 이곳에 있었는데, 왜 없어졌지?' 는 보기 A와 일치하므로 A가 정답이다.

69

好久没有来这里吃饭了，这里重新装修了，跟以前比宽敞了很多，但跟以前一样的是：还是有那么多人在排队等候吃饭。

★ 这家饭店以前：

A 顾客不多
B 生意很火
C 店铺很大

이곳에 안 온지 오래 되었다. 이곳은 새로 인테리어를 했고, 예전보다 더 넓어졌다. 그런데 예전과 같은 것은 아직도 많은 사람들이 식사를 하려고 줄을 서 있는 것이다.

★ 이 식당은 예전에:

A 손님이 많지 않았다
B 장사가 아주 잘 됐다
C 가게가 아주 컸었다

어휘 好久 hǎojiǔ 오래다 | 重新 chóngxīn 새로 | 装修 zhuāngxiū (가옥을) 장식하고 꾸미다 | 宽敞 kuānchang 넓다 | 一样 yíyàng 같다 | 排队 páiduì 줄을 서다 | 等候 děnghòu 기다리다 | 顾客 gùkè 고객 | 生意 shēngyi 장사 | 火 huǒ 번창하다 | 店铺 diànpù 가게, 점포

해설 문장 맨 마지막의 '但跟以前一样的是：还是有那么多人在排队等候吃饭, 그런데 예전과 같은 것은 아직도 많은 사람들이 식사를 하려고 줄을 서 있는 것이다' 는 보기 B와 일치하므로 B가 정답이다.

70

今天早上我起晚了，所以匆匆忙忙地出了家门，当我要买地铁票的时候，我才发现钱包没了，钱包里没多少现金，不过里面有我的名片，我觉得捡到钱包的人会给我打电话。

★ 钱包：

A 在家里
B 也许能找到
C 肯定找不到

오늘 아침에 늦게 일어났기 때문에 아주 바쁘게 집을 나섰다. 지하철 표를 사려고 할 때 지갑이 없어 졌다는 것을 알게 되었다. 지갑에 현금은 얼마 없지만, 안에 나의 명함이 들어 있어 지갑을 주운 사람은 나에게 전화할 것 같다.

★ 지갑은:

A 집에 있다
B 아마 찾을 수 있을 것 같다
C 찾을 수 없을 것이다

어휘 匆匆忙忙 cōngcongmángmáng 매우 바쁘다, 급히 | 出 chū 나가다 | 家门 jiāmén 자기 집 | 当…的时候 dāng…deshíhou …일 때, …할 때 | 发现 fāxiàn 발견하다 | 现金 xiànjīn 현금 | 名片 míngpiàn 명함 | 捡 jiǎn 줍다 | 也许 yěxǔ 어쩌면 | 肯定 kěnding 확실히

해설 문장 맨 마지막 부분의 '我觉得捡到钱包的人会给我打电话, 내 생각엔 지갑을 주운 사람은 나에게 전화할 것 같다'는 보기 B와 일치하므로 B가 정답이다.

三、书写

第 一 部 分

이 부분의 문제는 제시된 여러 개의 단어를 모두 사용하여 하나의 문장을 만들면 되는데,
중국어의 어순과 문법을 염두에 두고 문장을 만들어야 올바른 문장을 만들 수 있다.

71번~75번 문제

例如: 小船   上   一   河   条   有 ➡ 河上有一条小船。
　　　　작은 배   위   하나   강   척   있다　　　강 위에 배가 한 척 있다.

71　更　我　苹果　喜欢　吃　➡

> 我更喜欢吃苹果。
>
> 나는 사과를 더 좋아한다.

해설　문장을 만들 때 우선 주어진 단어 중에서 동사를 찾는다. 보기에 '喜欢' 와 '吃' 두 개의 동사가 있는데, 이중 '喜欢' 은 심리동사이고, '吃' 은 일반동사이다. 심리동사나 조동사는 반드시 다른 동사 앞에 위치해야 하기 때문에 '喜欢吃' 의 순서가 되는 것이다. 그리고 '更' 은 부사이기 때문에 술어동사 앞에 위치하면 되는데, 동사가 2개가 있을 경우 부사는 첫 번째 동사 앞에 위치하면 된다.

他　　　更　　　喜欢　　　　吃　　　　苹果。
↳ 주어　↳ 부사　↳ 심리동사　　↳ 일반동사　↳ 목적어

72　我们　明天　学校　到　不用　➡

> 明天我们不用到学校。
>
> 내일 우리는 학교에 가지 않아도 된다.

해설　주어진 단어 중에서 사람이나 인칭대사가 있으면 일단 주어라고 생각하고, 그 뒤에 동사를 붙여 문장을 만든다. 그리고 동사가 두 개 이상일 경우 맨 앞에 있는 동사를 부정한다. 마지막으로 시간을 나타내는 시간명사는 주어 뒤이나 앞에 모두 올 수 있다는 걸 꼭 기억해 두길 바란다.

明天　　　我们　　　不　　　　用　　　到　　　学校
↳ 시간 명사　↳ 주어　↳ 부정 부사　↳ 동사1　↳ 동사2　↳ 목적어

73 李先生　哪　要　位　你　找　➡　你要找哪位李先生?

당신은 어떤 이선생님을 찾으십니까?

해설 보기에 '要' 와 '找' 두 개의 동사가 있는데, 이중 '要' 은 조동사이고, '找' 은 일반동사이다. 중국어에서 조동사는 반드시 다른 동사 앞에 위치해야 하기 때문에 '要找' 의 순서가 된다. 그리고 중국어에서 '吗' 가 아닌 '什么、谁、哪、哪儿、几、多少' 등 의문대사를 이용한 의문문의 어순은 평서문 어순과 같으므로, 의문하고자 하는 위치에 의문대사로 대체하면 된다.

```
                                    ┌ 한정어      ┌ 중심어
你        要        找        哪位        李先生?
↳ 주어    ↳ 조동사  ↳ 일반동사        ↳ 목적어
```

74 中国　买　这本　是　在　书　的　➡　这本书是在中国买的。

이 책은 중국에서 산 것입니다.

해설 '了' 는 과거 동작의 완료만 나타낼 수 있으며, 어떤 동작이 이미 발생했다는 전제하에서 그 동작이 발생한 시간·장소·행위의 방식 등은 '是……的' 구문으로 표현해야 한다. 예컨대 '새 옷을 샀습니다' 라는 표현은 '我买新衣服了' 라고 하면 되고, 언제·어디에서·어떻게·얼마를 주고·누구와 함께 샀는지 등 표현은 '是……的' 구문을 사용해야 한다. 이 문장에서 책을 사긴 샀는데 책을 산 장소가 중국이라는 것을 언급하고 있기 때문에 '是……的' 구문을 사용한 것이다.

```
这本书      是              在中国          买          的。
↳ 주어      ↳ '是~的' 구조   ↳ 책을 산 장소   ↳ 술어      ↳ '是~的' 구조
```

75 8月20日　典礼　在　的　毕业　➡　8月20日在学校的大礼堂举行毕业典礼。
大礼堂　举行　学校

8월 20일 우리 학교 대강당에서 졸업식을 거행합니다.

해설 중국어에서 시간을 나타내는 시간명사는 주어 앞이나 뒤에 모두 올 수 있으며, 동작이 진행되는 장소는 술어 앞에 위치하여 부사어가 된다. 그리고 이 문장은 주어가 생략된 것이다.

```
                  ┌ 한정어    ┌ 중심어
8月20日           在学校的    大礼堂      举行        毕业典礼。
↳ 시간명사                   ↳ 부사어    ↳ 술어동사   ↳ 목적어
```

第 二 部 分

★ 유형파악 & 공략하기
병음을 참조하여 괄호 안에 한자를 적어 넣으면 된다.

76번~80번 문제

例如:　　　guān
没（ 关 ）系，别难过，高兴点儿。　➡　괜찮아요, 너무 슬퍼하지 말고 기분을 좀 푸세요.

76　　　tiān
今天（ 天 ）气真好，不冷也不热。　➡　오늘은 날씨가 정말 좋다. 춥지도 덥지도 않다.

77　　　　yǐ
每天下班（ 以 ）后还得加班。　➡　매일 퇴근 후 잔업을 해야 한다.

78　　　Hàn
你觉得（ 汉 ）语难不难?　➡　당신은 중국어가 어렵다고 생각하십니까?

79　　　　dǎ
我喜欢游泳、（ 打 ）乒乓球和爬山。　➡　나는 수영, 탁구, 등산을 좋아한다.

80　　　ge
我有三（ 个 ）兄弟姐妹。　➡　나는 형제자매가 3명이다.

실전모의고사 2회
정답 및 해설

不经一事，不长一智

일을 경험하지 않으면 그 일에
대한 식견이 늘 수 없다.

第二套模拟试题答案

一、听力

第一部分

1. B	2. A	3. F	4. C	5. E
6. D	7. A	8. E	9. B	10. C

第二部分

11. ×	12. V	13. ×	14. V	15. ×
16. ×	17. V	18. ×	19. V	20. V

第三部分

21. A	22. B	23. C	24. B	25. A
26. A	27. B	28. C	29. B	30. C

第四部分

31. A	32. B	33. A	34. B	35. A
36. C	37. C	38. B	39. A	40. B

二、阅读

第一部分

41. C	42. D	43. F	44. A	45. B
46. E	47. C	48. D	49. A	50. B

第二部分

51. E	52. A	53. F	54. C	55. B
56. B	57. E	58. A	59. C	60. F

第三部分

61. B	62. A	63. A	64. B	65. C
66. B	67. B	68. A	69. C	70. B

三、书写

第一部分

71．　我很想学开车。

72．　我爸爸在贸易公司工作。

73．　你在找什么东西？

74．　我是跟我朋友一起来的。

75．　我们一起去吃饭吧。

第二部分

76．　起
77．　中
78．　现
79．　家
80．　女

一、听 力

第 一 部分

모든 문제는 두 사람의 대화로 이루어져 있으며, 두 문장으로 구성되어 있다. 수험생은 녹음을 들은 다음 시험지에 제시된 내용과 일치한 그림을 고르면 된다. 참고로 녹음을 두 번 들려주니 조급해하지 말고 차분하게 들으면 잘 들릴 것이다.

1번~5번 문제

A

B

C

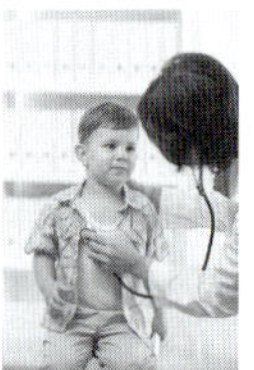

D

E

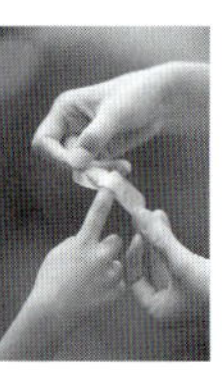

F

例如： 男： 喂，请问张经理在吗？

남： 여보세요, 말씀 좀 여쭙겠습니다. 장 선생님 계십니까？

女： 他正在开会，您半个小时以后再打，好吗？

여： 회의 중이오니, 30분 후 다시 전화하실래요？

정답 D

"""

1
女： 这幅画儿是你画的？真漂亮！你是
什么时候学的？

男： 我从小就开始学画画儿了。

여： 이 그림은 네가 그린 거야? 언제부터
배운 거야?

남： 어렸을 때부터 그림 그리는 것을 배웠어.

정답 B

어휘 幅 fú 폭 [옷감·종이·그림 등을 세는 단위] | 画儿 huàr 그림 | 画 huà 그리다 | 从小 cóngxiǎo 어린 시절부터 | 开始 kāishǐ 시작하다

해설 그림 그리는 것에 대해 이야기하고 있으므로 B가 정답이다.

2
男： 我记得把钥匙放在这里了，怎么找
不到了？

女： 你再好好儿想想，是不是放在别的
地方了？

남： 내 기억으로는 열쇠를 이곳에 놔둔 것
같은데, 왜 찾을 수 없지?

여： 다시 잘 생각해봐, 다른 곳에 놓은 것
아니야?

정답 A

어휘 钥匙 yàoshi 열쇠 | 找 zhǎo 찾다 | 找不到 zhǎobúdào 찾을 수 없다 | 放 fàng 놓아두다 | 地方 dìfang 장소, 곳

해설 '钥匙, 열쇠'가 들리면 문제를 쉽게 풀 수 있다.

3
女： 你每天都看新闻吗？

男： 是啊！信息时代，要多了解一下国
内外的大事。

여： 넌 매일 뉴스 봐?

남： 그럼, 정보화시대에 국내외 대사를 알
아야지.

정답 F

어휘 新闻 xīnwén 뉴스 | 信息 xìnxī 정보 | 时代 shídài 시대 | 了解 liǎojiě 자세하게 알다 | 国内外 guónèiwài 국내외 | 大事 dàshì 큰일, 대사

해설 뉴스에 관한 이야기를 하고 있으므로 그림 F가 정답이다.

4
男： 天啊！这孩子烧得这么厉害，怎么
才来医院啊？

女： 他不哭也不闹，所以一直没注意到。

남： 맙소사! 아이가 열이 이렇게 많이 나는
데, 왜 이제야 병원에 오신 겁니까?

여： 애가 울지도 않고 보채지도 않아 계속
몰랐어요.

정답 C

어휘 天啊 tiān'a 어머나! 맙소사! | 烧 shāo 열이 나다 | 厉害 lìhai 심각하다 | 哭 kū 울다 | 闹 nào (성질을) 부리다 | 一直 yìzhí 계속 | 注意到 zhùyìdào 알게 되다, 발견하다

해설 핵심어는 '烧, 열이 나다'와 '医院, 병원'이다. 따라서 C가 정답이다.

5
女： 你的手怎么出血了？我看看，严重
吗？

男： 不太严重，刚才不小心被刀割了一下。

여： 네 손에서 왜 피가 나는 거야? 봐봐,
심각해?

남： 그다지 심각하지 않아, 방금 칼에 좀 벴어.

정답 E

6번~10번 문제

A

B

C

D

E

6　男：你整天呆在家里不闷吗？出去跟朋友玩儿玩儿吧。

女：我不想出去，外面太热了，家里又有空调，又有吃的，多好啊！

남：매일 집에 있으면 답답하지 않아? 나가서 친구랑 같이 놀아.

여：난 나가고 싶지 않아, 밖에 너무 더워. 집에는 에어컨도 있고 맛있는 것도 있어 얼마나 좋은데!

정답　D

어휘　整天 zhěngtiān 종일 | 呆 dāi 있다, 지내다 | 闷 mèn 답답하다 | 外面 wàimiàn 바깥 | 空调 kōngtiáo 에어컨

해설　핵심어는 '吃的, 먹을 것' 이다. 따라서 정답은 D이다.

7　女：　音乐声太吵了，小点儿声好不好?　　여：　음악 소리가 너무 시끄럽다. 소리 좀 줄이면 안 돼?

　　男：　哦，不好意思，我这就关掉。　　남：　어, 미안, 지금 바로 꺼버릴게.

정답　A

어휘　声 shēng 소리 | 吵 chǎo 시끄럽다 | 小点儿声 xiǎodiǎnrshēng 소리를 좀 낮추세요 | 这就 zhèjiù 지금 바로 | 关掉 guāndiào 꺼버리다

해설　음악소리가 너무 시끄러우니 소리를 좀 줄이라고 했으므로 정답은 A이다.

8　男：　外边正下着小雨，你带上雨伞吧。　　남：　밖에 비가 오고 있으니, 우산 가지고 가.

　　女：　不用了，我开车用不着带伞，怪麻烦的。　　여：　됐어, 난 운전하기 때문에 우산이 필요 없어, 귀찮아.

정답　E

어휘　雨伞 yǔsǎn 우산 | 带 dài 휴대하다 | 伞 sǎn 우산 | 怪 guài 매우 | 麻烦 máfan 귀찮다, 번거롭다

해설　밖에 비가 오고 있으니, 우산을 가지고 가라고 했으므로 정답은 E이다.

9　女：　你能不能认真点儿? 现在是在上课。　　여：　너 좀 진지할 수 없어? 지금 수업하고 있잖아.

　　男：　哦，知道了。　　남：　네, 알겠습니다.

정답　B

어휘　认真 rènzhēn 진지하다 | 上课 shàngkè 수업을 하다

해설　보기 그림 중 B와 C만 남았는데, 녹음에서 '上课, 수업을 하다'가 나왔는데, 그림C는 운전과 관련된 내용이므로 정답이 될 수 없다. 따라서 정답은 B이다.

10　男：　还往前开吗?　　남：　앞으로 더 갈까요?

　　女：　再往前开一点儿。　　여：　조금만 앞으로 더 가 주세요.

정답　C

어휘　往 wǎng (…로) 향하다 | 开 kāi 운전하다

해설　이젠 보기 그림 5개 중 B 하나만 남았다. 그리고 녹음에서 '开, 운전하다'가 두 번 나옴으로써 C가 정답이라는 것을 알 수 있다.

★ 유형따악 & 공략하기
보기 내용이 녹음 내용과 일치하는 지 일치하지 않는 지 판단하는 문제이다. 녹음을 두 번
들려주니 주의 깊게 잘 들으면 문제를 쉽게 풀 수 있을 것이다.

例如： 为了让自己更健康，他每天都花一个小　　더욱 건강해 지기 위하여, 그는 매일 1시간씩
　　　 时去锻炼身体。　　　　　　　　　　　운동을 한다.
　　　 　★　他希望自己很健康。　　　　　　　★　그는 자신이 아주 건강해지길 바란다.

정답　　∨

例如： 今天我想早点儿回家。看了看手表，才　　오늘 조금 일찍 집에 가려고 시계를 봤더니 5
　　　 五点。过了一会儿再看表，还是五点，　　시였다. 그런데 좀 있다가 다시 시계를 봤는
　　　 我这才发现我的手表不走了。　　　　　데 역시 5시였다. 그제야 내 시계가 멈췄다는
　　　 　　　　　　　　　　　　　　　　　것을 알게 되었다.
　　　 　★　那块儿手表不是他的。　　　　　★　그 시계는 그의 것이 아니다.

정답　　×

11번~20번 문제

11　我赶到公共汽车站的时候，汽车刚走，　　내가 버스정류장에 서둘러 도착했을 때, 버스
　　　 所以只好等下一辆了。　　　　　　　가 막 떠나가 버려서 다음 차를 기다릴 수밖
　　　 　　　　　　　　　　　　　　　　에 없었다.
　　　 　★　他在地铁站等地铁。　　　　　★　그는 지하철역에서 지하철을 기다리고 있다.

정답　　×
어휘　赶到 gǎndào 서둘러 가다 | 公共汽车站 gōnggòngqìchēzhàn 버스정류소 | 只好 zhǐhǎo 부득이
　　　 | 辆 liàng 대 | 地铁 dìtiě 지하철
해설　녹음에서 버스가 막 떠나가 버려서 다음 차를 타야 한다고 했으므로 '×'가 정답이다.

12　在国外生活了十多年之后，我突然想回　　외국에서 10여 년을 살다가 나는 갑자기 중국
　　　 中国生活了，可我又怕自己适应不了。　　으로 돌아가 살고 싶지만 내가 적응할 수 없
　　　 　　　　　　　　　　　　　　　　을 까봐 걱정이 된다.
　　　 　★　他在国外生活了很多年。　　　★　그는 외국에서 오랫동안 살았다.

정답　　∨
어휘　国外 guówài 국외 | 生活 shēnghuó 생활 | 突然 tūrán 갑자기 | 怕 pà 걱정하다, 걱정이 되다
　　　 | 适应 shìyìng 적응하다
해설　녹음에서 외국에서 10여 년을 살았다고 했으므로 '∨'가 정답이다

13 明天我准备去广州出差，这次是去参加一个会议，估计得呆2～3天，你帮我收拾一下行李，那里比这里暖和，带两件薄衣服就可以了。

내일 광저우에 출장 갈 예정인데, 이번에는 회의 참석차 가는 것이어서 아마 2~3일은 걸릴 거예요. 짐을 좀 챙겨줘요. 그곳은 여기보다 따뜻하니 얇은 옷을 두 벌만 가지고 가면 될 것 같아요.

★ 明天他去广州参观工厂。

★ 내일 그는 광저우에 공장을 시찰하러 간다.

정답 ×

어휘 准备 zhǔnbèi …할 작정〔계획〕이다 | 出差 chūchāi 출장 가다 | 会议 huìyì 회의 | 估计 gūjì 추측하다 | 得 děi …해야 한다 | 呆 dāi 있다, 지내다 | 收拾 shōushi 정리하다 | 行李 xíngli 짐 | 暖和 nuǎnhuo 따뜻하다 | 薄 báo 얇다 | 参观 cānguān 견학하다, 시찰하다 | 工厂 gōngchǎng 공장

해설 녹음에서 광저우에 출장 갈 예정이라고 했는데 보기에서는 공장을 시찰하러 간다고 했으므로 '×'가 정답이다.

14 今天天气非常热，虽然穿上了短袖和短裤，但身上还是出了很多汗，很不舒服。

오늘은 날씨가 너무 더워 반팔과 반바지를 입었는데도 땀이 많이 나서 아주 불편했다.

★ 他不喜欢热天。

★ 그는 더운 날씨를 좋아하지 않는다.

정답 ∨

어휘 虽然 suīrán 비록 …하지만 | 短袖 duǎnxiù 반소매 | 短裤 duǎnkù 반바지 | 身上 shēnshang 몸에 | 出汗 chūhàn 땀이 나다

해설 녹음에서 날씨가 덥기 때문에 땀이 많이 나서 아주 불편하다고 했으므로 '∨'가 정답이다.

15 自从有了自己的孩子之后，我才真正体会到了父母的爱。现在我也要像我父母那样关心、体贴和照顾好我的孩子，让他更加健康和幸福。

나는 아이가 있고 나서야 진정으로 부모님의 사랑을 이해하게 되었다. 지금부터 나도 부모님같이 나의 아이에게 관심을 기울이고 자상하게 돌보고 보살펴주며, 아이가 더 건강하고 행복해지도록 할 것이다.

★ 现在我还是不太理解我父母。

★ 지금도 나는 여전히 부모님을 이해할 수 없다.

정답 ×

어휘 体会 tǐhuì 경험하여 알다, 이해하다 | 父母 fùmǔ 부모 | 爱 ài 사랑 | 像 xiàng …와〔과〕 같다 | 体贴 tǐtiē 자상하게 돌보다 | 照顾 zhàogù 보살피다 | 更加 gèngjiā 더욱 | 健康 jiànkāng 건강하다 | 幸福 xìngfú 행복하다 | 理解 lǐjiě 이해하다

해설 녹음에서 아이가 있고 나서야 부모님의 사랑을 이해하게 되었다고 했는데 보기에서는 여전히 부모님을 이해할 수 없다고 했으므로 '×'가 정답이다.

16

汽车为人们提供了很多方便，首先是节省了很多时间，我们再也不会发愁去遥远的地方了。另外，我们还可以用汽车运送货物，从而节省了很多人力，并大大提高了工作效率。

★ 汽车的用处不太多。

자동차는 우리에게 아주 많은 편리함을 가져다주었다. 우선 시간이 많이 절약되므로 우리는 더 이상 먼 곳으로 가는 것을 걱정하지 않아도 된다. 그 밖에 자동차를 이용하여 화물을 운송하므로 많은 인력을 절약하며, 또 일의 효율도 높일 수 있다.

★ 자동차의 용도는 그다지 많지 않다.

정답 ×

어휘 提供 tígōng 제공하다 | 首先 shǒuxiān 우선 | 节省 jiéshěng 절약하다 | 再也不 zàiyěbù …다시는 하지 않다 | 发愁 fāchóu 걱정하다 | 遥远 yáoyuǎn 아득히 멀다 | 另外 lìngwài 그 밖의, 그 외의 | 运送 yùnsòng 운송하다 | 货物 huòwù 물품 | 从而 cóng'ér 따라서 | 人力 rénlì 인력 | 大大 dàdà 크게 | 提高 tígāo 제고하다 | 效率 xiàolǜ 능률 | 用处 yòngchu 용도

해설 녹음에서 자동차는 시간을 절약할 수 있으며, 또 화물 운송도 할 수 있어 우리에게 많은 편리함을 가져다주었다고 했으므로 '×'가 정답이다.

17

小孩子很喜欢吃快餐，有的孩子喜欢吃麦当劳，有的孩子喜欢吃肯德基，有的孩子喜欢吃方便面。不过，对这些我都不太感兴趣。

★ 他不喜欢吃汉堡。

아이들은 패스트푸드를 아주 좋아한다. 어떤 아이는 맥도날드를 좋아하고, 어떤 아이는 켄터키프라이드치킨을 좋아하고, 어떤 아이는 라면을 좋아한다. 그러나 나는 이런 것에 모두 관심이 없다.

★ 그는 햄버거를 좋아하지 않는다.

정답 ∨

어휘 快餐 kuàicān 패스트푸드 | 麦当劳 Màidāngláo 맥도날드 | 肯德基 Kěndéjī 켄터키프라이드치킨 | 方便面 fāngbiànmiàn 라면 | 感兴趣 gǎnxìngqù 관심이 있다 | 汉堡 hànbǎo 햄버거

해설 녹음에서 아이들이 패스트푸드를 아주 좋아하지만 나는 관심이 없다고 했으므로 '∨'가 정답이다.

18

经理对我说："明天早上八点要开会，你早点来，帮我准备一下有关会议的资料。"

★ 明天下午要开会。

사장님은 나에게 "내일 아침 회의를 해야 하니, 좀 일찍 와서 회의 관련 자료 준비하는 것을 좀 도와주세요." 라고 하였다.

★ 내일 오후에 회의를 한다.

정답 ×

어휘 经理 jīnglǐ 사장, 매니저 | 有关 yǒuguān 관계가 있는 | 会议 huìyì 회의 | 资料 zīliào 자료

해설 녹음에서 내일 아침에 회의를 한다고 했는데 보기에서는 내일 오후에 회의를 한다고 했기 때문에 '×'가 정답이다.

19　我每天都坚持锻炼，从上大学的时候到现在，已经坚持了十多年，所以身体非常健康。

★ 他一直坚持锻炼。

나는 매일 꾸준히 운동을 했다. 대학교 다닐 때부터 지금까지 이미 10년 넘게 유지해왔기 때문에 몸이 아주 건강하다.

★ 그는 지속적으로 운동을 하고 있다.

정답　∨

어휘　坚持 jiānchí 견지하다 | 锻炼 duànliàn 단련하다

해설　녹음에서 10년 넘게 운동을 지속적으로 해 왔다고 했으므로 '∨'가 정답이다.

20　第一次吃这个冰激凌的时候，我觉得特别好吃，所以几乎天天都买着吃，但是连续吃了一个月，我有点儿吃腻了。

★ 我不爱吃这个冰激凌了。

처음 이 아이스크림을 먹을 때 너무 맛있다는 느낌을 받아 매일 사 먹었다. 그런데 연속 한 달을 먹으니 조금 질렸다.

★ 나는 이 아이스크림을 좋아하지 않게 되었다.

정답　∨

어휘　冰激凌 bīngjilíng 아이스크림 | 几乎 jīhū 거의 | 连续 liánxù 연속하다 | 吃腻 chìnì 물리다 | 爱 ài 좋아하다

해설　녹음에서 같은 아이스크림을 연속 한 달을 먹으니 조금 질렸다고 했으므로 '∨'가 정답이다.

第 三 部 分

★ 유형파악 & 공략하기

이 부분의 문제는 모두 남녀 두 사람이 한 문장씩 말하는 대화로 이루어져 있으며, 세 번째 사람이 대화와 관련된 질문을 한다. 응시자는 시험지에 주어진 3개의 선택 항목 중에서 정답을 고르면 된다. 녹음을 두 번 들려주기 때문에 시간적 여유가 있으니 들리는 단어를 보기에서 체크하면서 풀어도 된다.

例如：　男：小王，帮我开一下门，好吗？谢谢！
　　　　女：没问题。您去超市了？买了这么多东西。
　　　　问：男的想让小王做什么？
　　　　A　开门
　　　　B　拿东西
　　　　C　去超市买东西

남：샤오왕, 문 좀 열어줄 수 있어? 고마워!
여：문 열어줄게. 마트에 갔었어? 뭘 많이 샀네.
문：남자는 샤오왕에게 무엇을 하라고 했나?
A　문을 열어달라고
B　물건을 들어달라고
C　마트에 가서 물건을 사달라고

21

女： 怎么了？今天你的脸色怎么这么不好啊？

男： 我好像是感冒了，头疼、发烧，而且还咳嗽。

问： 男的怎么了？

A 感冒了
B 没睡好
C 生气了

여： 어떻게 된 거야? 오늘 네 안색이 왜 이렇게 안 좋아 보여?

남： 감기에 걸린 것 같아. 머리가 아프고 열이 나고 기침도 나거든.

문： 남자에게 무슨 일이 생겼나?

A 감기에 걸렸다
B 잠을 잘 자지 못했다
C 화가 났다

어휘 脸色 liǎnsè 안색 | 发烧 fāshāo 열이 나다 | 咳嗽 késou 기침하다 | 生气 shēngqì 화내다

해설 남자가 '我好像是感冒了, 내가 감기에 걸린 것 같아' 라고 했으므로 A가 정답이다.

22

男： 您好！这是您的快递，请您在这里签一下名。

女： 好的，谢谢您啦。

问： 男的是干什么的？

A 收银员
B 快递员
C 管理员

남： 안녕하세요! 이것은 손님의 특급 우편인데요, 이곳에 사인 좀 해주세요.

여： 네, 감사합니다.

문： 남자는 무엇을 하는 사람일까?

A 수납원
B 우편집배원
C 관리인

어휘 快递 kuàidì 특급 우편 | 签名 qiānmíng 사인하다 | 收银员 shōuyínyuán 수납원 | 快递员 kuàidìyuán 우편집배원 | 管理员 guǎnlǐyuán 관리인

해설 핵심어는 '这是您的快递, 请您在这里签一下名, 이것은 손님의 특급 우편인데요, 이곳에 사인 좀 해주세요' 이다. 이로써 남자가 우편집배원이라는 것을 알 수 있다.

23

女： 你不是说很近嘛，怎么还没到啊？还有多远？

男： 前面就是了，大概还有一公里左右，再走10分钟就到了。

问： 他们现在在做什么？

A 开车
B 运动
C 走路

여： 가깝다고 했잖아, 왜 아직도 다 못 왔어? 아직 얼마 남았어?

남： 바로 앞이야, 대략 1킬로미터 남았으니 10분만 걸으면 도착해.

문： 그들은 지금 무엇을 하고 있나?

A 운전을 하고 있다
B 운동을 하고 있다
C 길을 걷고 있다

어휘 公里 gōnglǐ 킬로미터 | 左右 zuǒyòu 가량 | 走路 zǒulù 걷다

해설 아직 얼마 남았느냐는 질문에 남자가 '再走10分钟就到了, 10분만 걸으면 도착해' 라고 했으므로 지금 그들이 걷고 있다는 것을 알 수 있다.

24

男: 那个个子很高的人是谁？我怎么没见过他啊？

女: 是我们学校新来的体育老师，听说他以前是篮球运动员，篮球打得特别好。

问: 个子高的人是谁？

A 班长
B 体育老师
C 英语老师

남: 키가 큰 저 사람 누구야? 왜 난 본 적이 없지?

여: 우리 학교에 새로 온 체육 선생님인데 옛날에 농구선수여서 농구를 아주 잘한대.

문: 키가 큰 사람은 누구인가?

A 반장이다
B 체육선생이다
C 영어선생이다

어휘 个子 gèzi 키 | 见过 jiànguo 본 적이 있다 | 体育 tǐyù 체육 | 以前 yǐqián 이전, 예전 | 篮球 lánqiú 농구 | 班长 bānzhǎng 반장

해설 키가 큰 사람이 누구냐는 남자의 질문에 여자는 우리학교에 새로 온 체육 선생이라고 했으므로 B가 정답이다.

25

女: 都等了半个小时了，他怎么还不来啊？

男: 可能是堵车吧，再等等看。

问: 他们等了多久了？

A 半个小时
B 一个小时
C 两个小时

여: 벌써 30분을 기다렸어. 그는 왜 아직도 안 오는 거야?

남: 아마 차가 막혀서 그럴 거야, 더 기다려 보자.

문: 그들은 얼마나 기다렸나?

A 30분
B 1시간
C 2시간

어휘 堵车 dǔchē 차가 막히다 | 再 zài 더 | 多久 duōjiǔ 얼마나 오래

해설 핵심어는 '都等了半个小时了，他怎么还不来啊? 벌써 30분을 기다렸어. 그는 왜 아직도 안 오는 거야?' 이다. 이로써 이들이 30분을 기다렸다는 것을 알 수 있다.

26

男: 我们晚上去吃什么？中餐还是西餐？

女: 吃西餐吧，每天吃中餐，我都有点儿吃腻了。

问: 他们晚上打算吃什么？

A 西餐
B 中餐
C 不知道

남: 우리 저녁에 뭐 먹으러 갈까? 중국음식 아니면 양식?

여: 양식 먹자, 매일 중국음식을 먹어 좀 질렸거든.

문: 그들은 저녁에 무엇을 먹으러 가려고 하나?

A 양식
B 중국음식
C 모르겠음

어휘 中餐 zhōngcān 중국 음식 | 西餐 xīcān 양식 | 吃腻 chīnì 물리다, 질리다

해설 핵심어는 '吃西餐吧, 양식 먹자' 이다. 이로써 이들이 저녁에 양식을 먹으러 간다는 것을 알 수 있다.

27

女: 我想买一双白色的鞋子，你能不能帮我挑一下？

男: 当然可以，请您在这里等一下，我去给您拿鞋。

问: 男的要做什么？

A　买鞋

B　去拿鞋

C　去商店

여: 흰색 신발을 사려고 하는데, 좀 골라 주실 수 있습니까?

남: 당연히 되죠. 이곳에 앉아서 잠깐만 기다려 주세요. 제가 신발을 가져다 드릴게요.

문: 남자는 무엇을 하려고 하나?

A　신발을 사려고

B　신발을 가지러 가려고

C　상점에 가려고

어휘 双 shuāng 켤레 | 鞋子 xiézi 신발 | 挑 tiāo 고르다 | 拿 ná 가져오다 | 鞋 xié 신(발)

해설 핵심어는 '我去给您拿鞋, 제가 신발을 가져다 드릴게요' 이다. 이로써 남자가 신발을 가지러 갔다는 것을 알 수 있다.

28

男: 听说你妈妈住院了，是什么病啊？严不严重？

女: 嘿嘿，我妈说过两天我家就会多一口人。但愿是个小妹妹，我不想要弟弟，我想要个妹妹。

问: 她妈妈怎么了？

A　感冒了

B　出院了

C　要生孩子了

남: 너희 엄마가 입원하셨다고 들었는데, 무슨 병이야? 심각해?

여: 히히, 엄마가 말씀하시길 며칠 지나면 우리 집에 식구가 한 명 늘어난대요, 여동생이면 좋을 텐데, 난 남동생은 싫고요, 여동생을 갖고 싶어요.

문: 그녀의 엄마에게 무슨 일이 생겼나?

A　감기에 걸렸다

B　퇴원하셨다

C　곧 아이를 낳을 것이다

어휘 听说 tīngshuō 듣자(하)니 | 住院 zhùyuàn 입원하다 | 病 bìng 병 | 严重 yánzhòng 심각하다 | 嘿嘿 hēihēi 헤헤 | 过 guò (시간이) 지나다 | 口 kǒu 식구를 셀 때 쓰는 단위 | 但愿 dànyuàn 오로지 〔단지·다만〕…을 〔를〕 원하다 | 出院 chūyuàn 퇴원하다 | 生 shēng 낳다

해설 엄마가 어디가 불편해서 입원을 했느냐는 남자의 질문에 여자 아이는 웃으면서 집에 식구 한 명이 늘어난다고 했으므로 엄마가 곧 출산할 것이라는 것을 알 수 있다.

29

女: 今天晚上我给你做你喜欢吃的糖醋肉，你几点能下班？

男: 真不好意思，今晚我得加班。

问: 今天晚上女的本来打算做什么？

A　加班

B　做糖醋肉

C　回家看电视

여: 오늘 저녁에 당신이 좋아하는 탕수육을 만들어 드릴게요. 몇 시 퇴근해요?

남: 정말 미안한데 오늘 저녁에 잔업을 해야 해요.

문: 오늘 저녁에 여자는 원래 무엇을 하려고 했나?

A　잔업을 하려고

B　탕수육을 하려고

C　집에 가서 TV를 보려고

30

男： 你这是去哪儿啊？打扮得这么漂亮。

女： 我去参加朋友的婚礼。哎，对了，我自己去没意思，要不你陪我去吧。

问： 他们在说什么？

A　逛街

B　买衣服

C　参加婚礼

남： 지금 어디에 가는 거야? 이렇게 예쁘게 단장하고 말이야.

여： 친구 결혼식에 참석하려고. 참, 나 혼자 가면 재미없으니 나랑 같이 가줘.

문： 그들은 무슨 이야기를 하고 있나?

A　아이쇼핑을 하러 가는 일

B　옷 사는 일

C　결혼식에 참석하는 일

第 四 部 分

★ 유형따악 & 공략하기

이 부분의 문제는 모두 남녀 두 사람이 두 문장씩 말하는 대화로 이루어져 있으며, 세 번째 사람이 대화와 관련된 질문을 한다. 응시자는 시험지에 주어진 3개의 선택 항목 중에서 정답을 고르면 된다. 녹음을 두 번 들려주기 때문에 시간적 여유가 있으니 들리는 단어를 보기에서 체크하면서 풀어도 된다.

例如： 女： 晚饭做好了，准备吃饭了。

男： 等一会儿，比赛还有三分钟就结束了。

女： 快点儿吧，一起吃，菜冷了就不好吃了。

男： 你先吃，我马上就看完了。

问： 男的在做什么？

A　洗澡

B　吃饭

C　看电视

여： 밥 다 됐어. 밥 먹을 준비해.

남： 잠깐만요, 경기가 3분 남았으니 곧 끝날 거에요.

여： 빨리 와, 같이 먹어야지, 반찬 식으면 맛없어.

남： 먼저 드세요. 곧 끝나요.

문： 남자는 무엇을 하고 있나?

A　샤워하고 있다

B　식사를 하고 있다

C　TV를 보고 있다

31

男: 我想问一下，去故宫怎么走？

女: 您一直往前走，过中国银行以后往左拐就到了。

男: 大概要走多长时间？

女: 十五分钟左右吧。

问: 男的要去哪里？

A 故宫
B 长城
C 圆明园

남: 말씀 좀 여쭙겠습니다, 고궁에 가려면 어떻게 가야 합니까?

여: 곧장 앞으로 가다가 중국은행 지나서 좌회전하시면 됩니다.

남: 대략 얼마나 걸립니까?

여: 15분 정도요.

문: 남자는 어디에 가려고 하나？

A 고궁
B 만리장성
C 원명원

어휘 故宫 gùgōng 고궁 | 一直 yìzhí 곧장 | 往 wǎng (…로) 향하다 | 拐 guǎi 방향을 바꾸다 | 圆明园 Yuánmíngyuán 원명원, 중국 청(淸)나라 때 베이징 근교에 있던 이궁(離宮)이다.

해설 핵심어는 '去故宫怎么走? 고궁에 가려면 어떻게 가야 합니까?' 이다. 이로써 남자가 고궁에 가려는 것을 알 수 있다.

32

女: 您穿多大号的鞋？

男: 43号。

女: 您要什么颜色的？

男: 灰色或者黑色的。

女: 您先试试这双黑色的，等会儿我再给您拿灰色的。

问: 男的穿多大号的鞋？

A 42
B 43
C 44

여: 몇 사이즈의 신발을 신으세요？

남: 43호요.

여: 어떤 색으로 드릴까요？

남: 회색 아니면 검은 색으로요.

여: 우선 검은 색을 신어 보세요. 좀 있다가 제가 회색을 가져다 드릴게요.

문: 남자는 몇 사이즈의 신발을 신는가？

A 42
B 43
C 44

어휘 鞋 xié 신발 | 颜色 yánsè 색 | 灰色 huīsè 회색 | 试试 shìshi 한 번 해보다

해설 몇 사이즈의 신발을 신느냐는 여자의 질문에 남자가 43호라고 했으므로 B가 정답이다.

33

男: 你每天几点出家门？

女: 七点左右，有时候会更早一些。

男: 为什么这么早出门啊？

女: 因为我的车坏了，得坐公交车去上班。

问: 女的一般几点出家门？

A 七点
B 九点
C 十点

남: 매일 몇 시에 집을 나섭니까?

여: 7시 정도요. 어떨 땐 조금 더 일찍이요.

남: 왜 그렇게 일찍 나가세요?

여: 제 차가 고장 나서 버스를 타야 하거든요.

문: 여자는 보통 몇 시에 집에서 나가나？

A 7시
B 9시
C 10시

어휘
해설

家门 jiāmén 자기 집 | 左右 zuǒyòu 가량 | 坏 huài 고장나다 | 公交车 gōngjiāochē 버스
매일 몇 시에 집을 나가느냐는 남자의 질문에 여자가 7시 정도라고 했으므로 A가 정답이다.

34

女: 这个周末，你想去哪里玩儿?
男: 终于考完试了，可以放松一下了，所以我想去爬山。
女: 现在正好是秋天，山上的风景非常美，特别是红叶。
男: 那这个周六我们一起去爬山吧。
问: 他们周末要去做什么?
A 钓鱼
B 爬山
C 买书

여: 이번 주말 어디에 놀러 가고 싶어?
남: 드디어 시험을 다 쳤으니 긴장도 좀 풀 겸 등산하러 가고 싶은데.
여: 지금 마침 가을이어서 산의 풍경 특히 단풍이 아주 아름다울 거야.
남: 그럼 이번 주말에 우리 같이 등산하러 가자.
문: 주말에 그들은 무엇을 하러 가려고 하나?
A 낚시하러
B 등산하러
C 책을 사러

어휘
终于 zhōngyú 마침내 | 考完试 kǎowánshì 시험을 다 치다 | 放松 fàngsōng 정신적 긴장을 풀다 | 爬山 páshān 산을 오르다 | 风景 fēngjǐng 풍경 | 红叶 hóngyè 단풍 | 钓鱼 diàoyú 낚시하다
해설
이번 주말 어디에 놀러 가고 싶느냐는 여자의 질문에 남자가 등산가고 싶다고 했으므로 B가 정답이다.

35

男: 明天我要去机场，你能送我吗?
女: 可以，正好我没有事，几点的飞机?
男: 上午十点钟。
女: 那我们八点出发吧，我怕路上堵车。
问: 男的明天去哪里?
A 去机场
B 去车站
C 去学校

남: 내일 공항에 가려고 하는데, 나를 좀 데려다 줄 수 있어?
여: 그래, 마침 내가 일이 없거든, 몇 시 비행긴데?
남: 오전 10시.
여: 그럼 우리 8시에 출발하자. 길이 막힐까봐 걱정이 돼서.
문: 남자는 내일 어디에 가려고 하나?
A 공항에 가려고
B 정류장에 가려고
C 학교에 가려고

어휘
机场 jīchǎng 공항 | 送 sòng 배웅하다 | 正好 zhènghǎo 마침 | 出发 chūfā 출발하다 | 怕 pà 걱정되다 | 堵车 dǔchē 차가 막히다
해설
핵심어는 '明天我要去机场, 내일 공항에 가려고 한다' 이다. 이로써 남자가 내일 공항에 가려는 것을 알 수 있다.

36

女： 您好，欢迎光临! 请问，您要什么？

男： 我要一个面包，再要一杯咖啡。

女： 现金还是刷卡？

男： 现金。

问： 男的想买什么？

A　汉堡

B　面条

C　面包

여： 안녕하세요. 어서 오세요! 말씀 좀 여쭙겠는데요, 무엇을 드릴까요?

남： 빵 하나 주세요, 그리고 커피도 한 잔 주세요.

여： 현금입니까? 아니면 카드로 결제하실 겁니까?

남： 현금이요.

문： 남자는 무엇을 사려고 하나?

A　햄버거

B　국수

C　빵

어휘　欢迎 huānyíng 환영하다 | 光临 guānglín 왕림하다 | 刷卡 shuākǎ 카드를 긁다 | 现金 xiànjīn 현금 | 面条 miàntiáo 국수

해설　무엇을 드시겠느냐는 여자의 질문에 남자가 빵을 달라고 했으므로 C가 정답이다.

37

男： 汽车快没油了，你知道这附近哪里有加油站吗？

女： 一直往前走，然后在第二个十字路口往右拐有个加油站。

男： 那我们先去加油吧，你给我指路。

女： 行，你开慢一点儿。

问： 男的在找什么？

A　银行

B　餐厅

C　加油站

남： 자동차 기름이 다 됐는데, 이 근처 어디에 주유소가 있는지 알아?

여： 곧장 앞으로 가다가 두 번째 사거리에서 우회전하면 주유소 하나 있어.

남： 그럼 우선 주유소부터 가자. 네가 길을 안내해줘.

여： 그래, 천천히 운전해.

문： 남자는 무엇을 찾고 있나?

A　은행

B　식당

C　주유소

어휘　快…了 kuài…le 곧…할 것이다 | 油 yóu 기름 | 加油站 jiāyóuzhàn 주유소 | 加油 jiāyóu 주유하다 | 指路 zhǐlù 길을 가리키다 | 餐厅 cāntīng 식당

해설　핵심어는 '汽车快没油了，你知道这附近哪里有加油站吗? 자동차 기름이 다 됐는데, 이 근처 어디에 주유소가 있는지 알아?' 이다. 이로써 남자가 주유소를 찾고 있다는 것을 알 수 있다.

38

女： 那个白头发的老奶奶是你奶奶吗？

男： 不是，她是我家的邻居，都90多岁了。

女： 不过，看上去还很健康啊。

男： 是啊! 她每天早上都去运动。

问： 那个90岁的人是谁？

여： 저기 머리가 하얀 할머님이 너희 할머님이야?

남： 아니야, 저 분은 우리 이웃인데, 90세가 넘으셨어.

여： 그런데 아주 건강해 보이시는데.

남： 그래! 저 분은 매일 아침 운동을 하시거든.

문： 90세가 된 그 사람은 누구인가?

A	男人的奶奶	A	남자의 할머니
B	男人的邻居	B	남자의 이웃
C	男人的妈妈	C	남자의 어머니

어휘 头发 tóufa 머리카락 | 邻居 línjū 이웃

해설 머리가 하얀 할머니가 누구냐는 여자의 질문에 남자는 자기의 이웃이라고 했으므로 B가 정답이다.

39

男: 哎，我这次没考好，怎么办啊？我妈又得说我了。

남: 아이고, 이번 시험을 망쳤는데 어떡하지? 우리 엄마가 또 뭐라고 할 텐데.

女: 别太伤心了，回去以后好好儿学习，下次一定会考好的。

여: 너무 속상해하지 마, 돌아가서 공부를 열심히 해서 다음에 잘 보면 되잖아.

男: 都怪我自己考试之前没好好儿复习。

남: 시험보기 전에 내가 복습을 잘하지 않은 탓이야.

女: 都考完了，后悔也没有用，别去想它了。

여: 시험이 다 끝났는데, 후회해도 소용없잖아, 생각하지 마.

问: 男的为什么不开心？

문: 남자는 왜 기분이 안 좋은 것인가?

A	没考好	A	시험을 잘 못 봐서
B	不舒服	B	불편해서
C	钱包丢了	C	지갑을 잃어버려서

어휘 考 kǎo 시험을 보다 | 怎么办 zěnmebàn 어찌하냐 | 说 shuō 나무라다 | 伤心 shāngxīn 슬퍼하다, 마음아파하다 | 下次 xiàcì 다음 번 | 一定 yídìng 반드시 | 怪 guài 책망하다 | 之前 zhīqián …이전 | 复习 fùxí 복습하다 | 后悔 hòuhuǐ 후회하다 | 开心 kāixīn 기쁘다 | 丢 diū 잃어버리다

해설 듣기의 맨 앞부분에서 남자가 시험을 잘 못 봐서 아주 걱정하고 있으므로 남자가 기분이 안 좋은 이유를 알 수 있다.

40

女: 昨天商场打折，我逛了好几个小时，买了很多衣服。

여: 어제 상점에서 세일을 하기에 몇 시간 동안 돌아다니며 옷을 많이 샀어.

男: 我也去了，但是怎么没看到你呢？

남: 나도 갔었는데 왜 너를 못 봤지？

女: 我是上午去的，你呢？

여: 난 오전에 갔었어. 넌？

男: 我也是，可能是人太多了吧。

남: 나도 오전에 갔었는데, 아마 사람이 너무 많은 탓일 거야.

问: 女的为什么买了那么多衣服？

문: 여자는 왜 옷을 그렇게 많이 샀나？

A	面试	A	면접시험 때문에
B	打折	B	세일하기 때문에
C	要结婚	C	결혼하기 때문에

어휘 打折 dǎzhé 디스카운트하다 | 逛 guàng 거닐다 | 面试 miànshì 면접시험 보다

해설 여자가 어제 상점에서 세일을 하기에 옷을 많이 샀다고 했으므로 B가 정답이다.

二、阅 读

第 一 部 分

보기가 A B C D E F로 모두 6개이지만, 그 중 하나는 예문의 보기이기 때문에 실제로는 5개의 보기와 41-45번 문제와 매치하는 셈이다. 즉 41-45 문제 뒤에 이어서 올 말을 보기에서 고르면 된다.

41번~45번 문제

A	我平时工作比较忙，所以没时间看电视。	난 평소에 일이 바빠서 TV를 볼 시간이 없어.
B	到那时你就会说，我们明年春天再去吧。	그때 되면 당신이 "우리 내년에 갑시다"라고 말할 걸.
C	又不是什么大事，过个生日而已。	별일도 아니잖아요, 그냥 생일을 지낼 뿐인데요.
D	还有什么症状？是从什么时候开始的？	또 무슨 증상이 있어? 언제부터 그랬는데?
E	当然。我们先坐公共汽车，然后换地铁。	당연히 알죠. 먼저 버스를 타고, 그 다음 지하철을 갈아타면 됩니다.
F	听是听了，不过没仔细听，要不我上网给你查一查。	듣긴 들었는데, 자세히 듣지 못했어. 아니면 내가 인터넷으로 검색해 줄게.

例如： 你知道怎么去那儿吗？ 그곳에 가려면 어떻게 가야 하는지 아십니까?

정답 当然。我们先坐公共汽车，然后换地铁。 당연히 알죠. 먼저 버스를 타고, 그 다음 지하철을 갈아타면 됩니다. （ E ）

41 你怎么不早告诉我一声啊？ 왜 제게 좀 일찍 알려주지 않았어요?

정답 又不是什么大事，过个生日而已。 별일도 아니잖아요, 그냥 생일을 지낼 뿐인데요. （ C ）

어휘 告诉 gàosù 알리다 | 声 shēng 마디, 번 [소리의 횟수를 나타냄] | 过 guò 지내다 | 而已 éryǐ ⋯뿐이다

해설 '告诉我一声'은 '나에게 한 번 알려주다'란 뜻을 나타낸다. 여기에서 '一声'은 소리의 횟수를 나타낸다. 이와 같이 중국어에서 동작의 횟수를 나타내는 양사는 동작에 따라 모두 다르다. 예를 들면 '他叫了我一声, 그는 나를 한 번 불렀다', '他踢了我一脚, 그는 나를 발로 한 번 찼다', '他看了一眼, 그는 나를 한 번 쳐다봤다'

42 我好像是拉肚了，发烧、肚子疼、浑身没劲儿。

나 배탈 난 것 같아, 열이 나고 배도 아프고 온 몸이 힘이 없어.

정답 还有什么症状? 是从什么时候开始的?

또 무슨 증상이 있어? 언제부터 그랬는데?

(D)

어휘 拉肚 lādù 설사하다 | 肚子 dùzi 배 | 浑身 húnshēn 전신 | 劲儿 jìnr 힘 | 症状 zhèngzhuàng 증상

해설 배탈난 것 같다고 하였으니 그 뒤에 올 수 있는 말을 보기에서 찾으면 된다. 보기 D 내용을 살펴보면 '또 무슨 증상이 있어?' 라고 병세에 대해 자세히 묻고 있기 때문에 D가 정답이다.

43 你听天气预报了吗? 今天天气怎么样?

일기예보 들었어? 오늘 날씨 어때?

정답 听是听了，不过没仔细听，要不我上网给你查一查。

들긴 들었는데, 자세히 듣지 못했어. 아니면 내가 인터넷으로 검색해 줄게. (F)

어휘 预报 yùbào 예보 | 仔细 zǐxì 세심하다 | 要不 yàobù 그렇지 않으면 | 上网 shàngwǎng 인터넷을 하다 | 查 chá 조사하다, 조회하다

해설 일기예보를 들었냐는 질문 뒤에 올 수 있는 말을 보기에서 찾으면 된다. 보기 F 내용을 살펴보면 '들긴 들었는데, 자세히 듣지 못했어' 라고 했으므로 F가 정답이다.

44 你喜欢看什么节目? 电视剧还是新闻?

넌 어떤 프로그램을 보기 좋아해? 연속극이야, 아니면 뉴스야?

정답 我平时工作比较忙，所以没时间看电视。

난 평소에 일이 바빠서 TV를 볼 시간이 없어. (A)

어휘 节目 jiémù 프로그램 | 电视剧 diànshìjù 드라마 | 新闻 xīnwén 뉴스 | 平时 píngshí 평소

해설 어떤 프로그램을 보기 좋아하느냐는 질문 뒤에 이어서 올 수 있는 말을 보기에서 찾으면 된다. 보기 A 가 TV 시청에 관한 내용이므로 A가 정답이다.

45 现在去太热了，等到秋天再去吧。

지금 가면 너무 더우니, 가을이 되면 갑시다.

정답 到那时你就会说，我们明年春天再去吧。

그때 되면 당신이 "우리 내년에 갑시다" 라고 말할 걸. (B)

어휘 等 děng (…까지) 기다리다 | 到 dào … 에 이르다

해설 보기 중에 이젠 B 하나만 남았으니 정답을 쉽게 찾을 수 있다.

46번~50번 문제

A	可以呀，你想吃什么？	그래, 뭐 먹고 싶어?
B	看是看了，不过没看完就睡着了。	보긴 봤는데, 다 보지 못하고 잠들었어요.
C	没关系，我们可以从窗户跳进去。	괜찮아, 창문으로 뛰어 들어가면 돼.
D	我爱人跟你爱人正好相反。	제 부인은 당신의 부인과 정반대입니다.
E	我倒是挺满意的，不过我家人都反对。	저는 아주 마음에 드는데, 저희 집 식구들이 모두 반대하시네요.

46 我觉得他的各方面条件都不错，你再考虑一下。

저는 그 사람이 여러 면에서 조건이 괜찮다고 생각하는데, 다시 한 번 생각 좀 해보세요.

정답 我倒是挺满意的，不过我家人都反对。

저는 아주 마음에 드는데, 저희 집 식구들이 모두 반대하시네요. （ E ）

어휘 方面 fāngmiàn 방면 | 条件 tiáojiàn 조건 | 考虑 kǎolǜ 고려하다 | 倒是 dàoshì 오히려 | 满意 mǎnyì 만족하다 | 反对 fǎnduì 반대하다

해설 그 사람이 여러 면에서 조건이 괜찮은 것 같으니 다시 한 번 생각 좀 해보라는 건의 뒤에 올 수 있는 말을 보기에서 찾으면 된다. 보기 E를 살펴보면 자신은 마음에 들어 하는데 식구들이 모두 반대한다고 했으므로 E가 정답이다.

47 糟糕! 我忘了带钥匙。

아뿔싸! 키를 깜박하고 안 가지고 왔네.

정답 没关系，我们可以从窗户跳进去。

괜찮아, 창문으로 뛰어 들어가면 돼. （ C ）

어휘 糟糕 zāogāo 야단났군 | 钥匙 yàoshi 열쇠 | 窗户 chuānghu 창문 | 跳 tiào 뛰다

해설 키를 깜박하고 안 가지고 왔다는 말 뒤에 이어서 올 수 있는 말을 보기에서 찾으면 된다. 보기 C를 살펴보면 창문으로 뛰어 들어가면 되니 걱정하지 말라고 했으니 C가 정답이다.

48 我爱人喜欢做饭，不喜欢打扫房间和洗衣服。

제 부인은 밥하는 것은 좋아하는데, 방 청소와 빨래하는 것은 싫어합니다.

정답 我爱人跟你爱人正好相反。

제 부인은 당신의 부인과 정반대입니다. （ D ）

어휘 打扫 dǎsǎo 청소하다 | 房间 fángjiān 방 | 正好 zhènghǎo 마침 | 相反 xiāngfǎn 상반되다

해설 문제와 보기 D는 모두 자신의 부인의 생활습관에 대해 언급하고 있기 때문에 D가 정답이다.

49 今天太累了，我们叫外卖吧。

오늘은 너무 피곤하니, 우리 시켜 먹자.

정답 可以呀，你想吃什么？

그래, 뭐 먹고 싶어? （ A ）

어휘 叫 jiào (가져오라고) 시키다, 주문하다 | 外卖 wàimài 포장 판매하다

해설 오늘은 너무 피곤하니 시켜서 먹자는 말 뒤에 이어서 올 수 있는 말을 보기에서 찾으면 된다. 보기 A 에서 '그래, 뭐 먹고 싶어?' 라고 했으므로 A가 정답이다.

50 昨晚的足球比赛你看了吗? 比赛结果怎么样? 　　어제 저녁의 축구경기를 보셨습니까?

정답 看是看了, 不过没看完就睡着了。 　　　　보긴 봤는데, 다 보지 못하고 잠들었어요.
（ B ）

어휘 比赛 bǐsài 경기 | 结果 jiéguǒ 결과 | 睡着 shuìzháo 잠들다

해설 축구 경기를 봤느냐는 질문 뒤에 이어서 올 수 있는 말을 보기에서 찾으면 된다. 보기 B에서 '보긴 봤는데, 다 보지 못하고 잠들었어요' 라고 했으므로 B가 정답이다.

第 二 部 分

★ 유형따악 & 공략하기

보기가 A B C D E F로 모두 6개이지만, 그 중 하나는 예문의 보기이기 때문에 실제로는 5개의 보기 단어를 51-55번 문제 5개의 빈칸에 넣는 셈이다. 즉 한 문제의 빈칸에 한 단어를 골라 채우면 된다.

51번~55번 문제

A	死	죽다
B	时间	시간
C	条	바지·치마 등을 세는 단위
D	声音	목소리
E	买	사다
F	舒服	편하다

例如: 她说话的（D 声音）多好听啊! 　　그녀가 말하는 (목소리)가 정말 듣기 좋네요!

51 这条围巾真漂亮! 谁给你（E 买）的? 　　이 목도리 정말 예쁘네요! 누가 (사) 주셨습니까?

어휘 围巾 wéijīn 목도리 | 漂亮 piàoliang 예쁘다

해설 목도리가 예쁘다는 칭찬 뒤에 올 수 있는 말은 어디에 샀느냐 아니면 누가 사주었느냐 등이다. 따라서 '买, 사다' 가 정답이다.

52 每天上下班就要三个多小时, 累（A 死）了。 　　매일 출퇴근할 때 3시간 넘어 걸려요, 힘들어 (죽겠어요).

어휘 上下班 shàngxiàbān 출퇴근

해설 매일 출퇴근할 때 3시간 넘어 걸리니 아주 힘들 것이다. 따라서 '累死了, 힘들어 죽겠다' 가 정답이다.

53 今天我身体有点儿不（F 舒服），所以想早点儿回家。

오늘 제가 몸이 좀 불(편해서) 조금 일찍 집에 들어가려고 합니다.

어휘 舒服 shūfu (몸·마음이) 편안하다 | 早点儿 zǎodiǎn 조금 일찍

해설 '舒服'은 형용사이며 '(몸·마음이) 편안하다'란 뜻을 나타내고, 부정은 '不舒服'이다.

54 这（C 条）裙子式样还可以，只是价钱有点儿贵。

(이) 치마의 스타일은 괜찮은데, 가격이 좀 비싸네요.

어휘 裙子 qúnzi 치마 | 式样 shìyàng 스타일 | 价钱 jiàqian 값

해설 '이 치마'를 '这裙子'라고 하면 안 되고, '这条裙子'라고 해야 한다. 그 이유는 중국에서 '这'나 '那' 뒤에 명사가 올 경우 중간에 반드시 양사가 와야 한다. 즉 '这(那)+양사+명사'의 형식을 취한다.

예) '这本书, 이 책', '那个人, 저 사람', '这辆车, 이 차', '那台电脑, 저 컴퓨터'

55 很长（B 时间）没跟你联系了，最近过得怎么样?

오랫(동안) 연락을 못 드렸는데, 요즘 어떻게 지내세요?

어휘 联系 liánxì 연락하다 | 过 guò 지내다

해설 보기 중에서 이젠 B 하나만 남았으니 문제를 쉽게 풀 수 있다.

★ 유형파악 & 공략하기

보기가 A B C D E F로 모두 6개이지만, 그 중 하나는 예문의 보기이기 때문에 실제로는 5개의 보기 단어를 56-60번 문제 5개의 빈칸에 넣는 셈이다. 즉 한 문제의 빈칸에 한 단어를 골라 채우면 된다. 이 부분의 문제는 모두 대화로 이루어져 있으니 문제를 풀 때 대화의 흐름을 잘 파악해야 한다.

56번~60번 문제

A	汉语	중국어
B	点	시
C	认识	알다
D	爱好	취미
E	这里	이 곳
F	漂亮	예쁘다

例如：　A:　你有什么（D 爱好）?　　당신은 어떤 (취미)가 있습니까?

　　　　B:　我喜欢体育。　　저는 운동을 좋아합니다.

56   A: 你怎么又迟到了？   왜 또 지각했어?

      B: 你是不是看错表了？现在才七   시계를 잘 못 보신 거 아닙니까? 지금 겨우 7
         （B **点**）五十呀。   （시） 50분인데요.

어휘   迟到 chídào 지각하다 | 表 biǎo 시계 | 才 cái 겨우, 고작

해설   '点'은 구체적인 시간을 나타낼 때 사용하며, '수사 + 点'의 형식을 취한다.

57   A: 在（E **这里**）可以抽烟吗？   (여기)에서 담배를 피워도 됩니까?

      B: 真不好意思，不可以。如果你想   정말 죄송합니다. 안 됩니다. 담배를 피우시려면
         抽烟的话，得去外边抽。   밖에 나가셔서 피워야 합니다.

어휘   抽烟 chōuyān 담배를 피다 | 抽 chōu 피우다

해설   '在'은 '~에서'와 '~에 있다'의 두 가지 뜻을 나타내며, '在' 뒤에는 반드시 장소가
와야 한다. 따라서 이 문제의 정답은 '这儿, 여기'이다.

58   A: 你（A **汉语**）说得真好！在哪儿   당신은 (중국어)를 정말 잘 하시네요! 어디에서
         学的？   배우셨습니까?

      B: 在北京学的，不过有好长时间没   베이징에서 배웠어요. 그런데 오랫동안 말을 안
         说了，所以都有点儿忘了。   해서 벌써 좀 잊었어요.

어휘   说 shuō 말하다 | 得 de 동사나 형용사 뒤에 쓰여 결과나 정도를 나타내는 보어와 연결시킴
   | 好长时间 hǎochángshíjiān 오랫동안 | 忘 wàng 잊다

해설   동사나 형용사 뒤에 놓여 동작이나 상태가 어느 정도에 도달했는가를 나타내는 보어를 정도
보어라고 한다. 정도보어는 아래의 두 가지 형식으로 표현할 수 있다.

     他   唱   歌   唱   得   很好.
     ↳ 주어   ↳ 동사   ↳ 목적어   ↳ 동사   ↳ 得   ↳ 정도보어
     그는 노래를 잘 부른다.

     他   汉语   说   得   非常好.
     ↳ 주어   ↳ 목적어   ↳ 동사   ↳ 得   ↳ 정도보어
     그는 중국어를 아주 잘 한다.

59   A: 有机会的话，到中国来玩儿吧。   기회가 있으면 중국에 놀러 오세요.

      B: 也许明年我会去中国，到时候你   아마 제가 내년에 중국에 갈 거예요. 그때 가서
         可别不（C **认识**）我啊！   저를 몰라(보시면) 안 됩니다.

어휘   也许 yěxǔ 어쩌면 | 认识 rènshi 알다

해설   보기 중에 이젠 C와 F만 남았는데, '漂亮, 예쁘다'는 문제와 부합하지 않지만, '认识, 알
다'는 문제와 부합함으로써 C가 정답이다.

60　A:　我觉得你穿这件衣服非常（F 漂亮），你买吧。

당신이 이 옷을 입으니 아주 (예쁜) 것 같아요. 사세요.

　　B:　我们还是再去别的地方逛逛吧，也许会有更好的。

다른 곳을 더 돌아보는 게 좋을 것 같습니다. 어쩌면 더 좋은 것이 있을 수도 있어요.

어휘　逛 guàng 거닐다 | 也许 yěxǔ 어쩌면

해설　당신이 이 옷을 입으니 너무 ~하니 사라고 했으므로 '漂亮, 예쁘다' 가 정답이다.

第 三 部 分

★ 유형파악 & 공략하기

이 부분의 문제는 하나의 단문과 3개의 선택 항목으로 구성되어 있다. 보기 중에서 단문 내용과 일치하는 것을 선택하면 된다. 문제를 풀 때 우선 단문에 나와 있는 인물, 시간, 장소, 주제 등을 연필로 체크해 놓으면 정답을 쉽게 찾을 수 있다.

61번~70번 문제

例如:　您是来参加今天会议的吗? 您来早了一点儿，现在才八点半。您先进来坐吧。

회의 참석하러 오셨습니까? 조금 일찍 오셨네요, 지금 8시 반이니, 우선 들어오셔서 앉아계세요.

★ 会议最可能几点开始?

★ 회의는 몇 시에 시작할 가능성이 가장 큰가?

A　8点
B　8点半
C　9点

A　8시
B　8시 반
C　9시

61　在中国结婚以后不工作的女人不太多，所以家务活一般来说都是由男人来做，比如说，洗衣服、做饭、打扫房间等等。

중국에서 결혼 후 일을 하지 않는 여성이 많지 않기 때문에 가사일은 보통 남자가 합니다. 예를 들면 빨래, 밥 하는 거, 방 청소 등입니다.

★ 根据这句话，可以知道:

★ 이 말에 근거하여 알 수 있는 것은:

A　中国男人很懒
B　男的做家务活
C　婚后女的不工作

A　중국 남자는 아주 게으르다
B　남자가 가사일을 한다
C　결혼 후 여성은 일을 하지 않는다

어휘　家务 jiāwù 가사 | 活 huó 일 | 一般来说 yìbānláishuō 일반적으로 | 由 yóu …이 〔가〕 | 比如 bǐrú 예를 들어 | 打扫 dǎsǎo 청소하다 | 懒 lǎn 게으르다 | 婚后 hūnhòu 결혼 후

해설　문장 중간 부분의 '所以家务活一般来说都是由男人来做, 그래서 가사일은 보통 남자가 합니다' 는 보기 B와 일치하므로 B가 정답이다.

62

我跟他是大学同学，毕业以后我们在同一家公司工作，我们两个人的兴趣爱好也差不多，我们俩每天都在一起，所以公司的同事常跟我们开玩笑说："你们俩是不是搞同性恋啊？"

★ 我跟这个朋友：

A 是好朋友
B 搞同性恋
C 是高中同学

나와 그는 대학교 동창이다. 졸업 후 같은 회사에서 일을 하고 있으며, 우리 두 사람은 취미도 비슷하여 매일 같이 다닌다. 그래서 회사 동료들은 늘 "너희 둘 동성연애 하는 거 아니야?"라고 농담을 한다.

★ 나는 그 친구와:

A 친한 친구이다
B 동성연애를 하고 있다
C 고등학교 동창이다

어휘 毕业 bìyè 졸업하다 | 同 tóng 같다 | 兴趣 xìngqù 흥미 | 开玩笑 kāiwánxiào 농담하다 | 搞 gǎo 하다 | 同性恋 tóngxìngliàn 동성(연)애

해설 보기의 B와 C는 모두 문장 내용과 상충되므로 A가 정답이다.

63

童年非常短暂，却是一生中最开心的时期，童年没有生活的压力，也没有学习的压力，过得特别轻松愉快。长大以后虽然也会开心，但却没有了童年时的纯真。

★ 童年的时候：

A 轻松愉快
B 压力很大
C 很不开心

어린 시절은 아주 짧지만 인생에 있어서 가장 즐거운 시기이기도 하다. 어린 시절엔 생활과 공부의 스트레스가 없기 때문에 아주 홀가분하고 즐겁다. 어른이 되면 비록 즐거울 때도 있지만 어린 시절의 순수함은 없다.

★ 어린 시절은:

A 홀가분하고 즐겁다
B 스트레스가 심하다
C 즐겁지 않다

어휘 童年 tóngnián 어린 시절 | 短暂 duǎnzàn 짧다 | 却 què …지만 | 开心 kāixīn 기쁘다 | 时期 shíqī 시기 | 生活 shēnghuó 생활 | 压力 yālì 과중한 부담 | 轻松 qīngsōng 홀가분하다 | 愉快 yúkuài 기쁘다 | 长大 zhǎngdà 성장하다 | 虽然 suīrán 비록 …하지만 | 纯真 chúnzhēn 순수하다

해설 문장에서 어린 시절은 생활과 공부의 스트레스가 없기 때문에 인생에 있어서 가장 즐거운 시기라고 했으므로 A가 정답이다.

64

明天早上我得早点儿起床，上午九点得去机场接一个客户，把客人安顿好以后，下午得把样品送到工厂，办完事以后我还得回办公室准备有关展览会的资料。

★ 上午他做什么？

내일 아침 나는 일찍 일어나야 한다. 오전 9시에 공항에 가서 바이어를 마중해야 하며 또 호텔까지 모셔다 드려야 한다. 오후엔 샘플을 공장에 가져다줘야 하고, 그러고 나서 사무실로 돌아가 전시회 관련 자료를 준비해야 한다.

★ 오전에 그는 무엇을 하나？

A 去工厂		A 공장에 간다		
B 接客人		B 바이어를 마중한다		
C 准备资料		C 자료를 준비한다		

어휘 接 jiē 마중하다, 맞이하다 | 客户 kèhù 바이어 | 客人 kèrén 손님 | 安顿 āndùn 적절히 배치하다 | 样品 yàngpǐn 샘플 | 工厂 gōngchǎng 공장 | 办事 bànshì 일을 처리하다 | 展览会 zhǎnlǎnhuì 전람회 | 资料 zīliào 자료

해설 문장 앞부분의 '上午九点得去机场接一个客户, 오전 9시에 공항에 가서 바이어를 마중해야 한다' 는 보기 B와 일치하므로 B가 정답이다.

65

明明，你要记住妈妈说的话，自己一个人在家的时候一定要锁好门，如果有陌生人敲门的话，千万不要给他开门，另外，不要玩火。

밍밍, 엄마 말을 잘 기억해 둬. 혼자 집에 있을 땐 반드시 문을 잘 잠그고, 낯선 사람이 문을 두드리면 절대 열어주지 마. 그리고 불장난도 하지 마.

★ 根据这段话，可以知道：

★ 이 말에 근거하여 알 수 있는 것은：

A 要敲门

A 문을 두드려야 한다

B 不要锁门

B 문을 잠그지 말아야 한다

C 自己在家的时候要小心

C 혼자 집에 있을 때 조심해야 한다

어휘 记住 jìzhu 확실히 기억해 두다 | 锁门 suǒmén 문을 잠그다 | 陌生人 mòshēngrén 낯선 사람 | 敲门 qiāomén 노크하다 | 千万 qiānwàn 절대로, 반드시 | 另外 lìngwài 그리고 | 玩火 wánhuǒ 불장난하다

해설 문장에서 혼자 집에 있을 때 문을 잘 잠그고 불장난도 하지 말라고 했으므로 C가 정답이다.

66

在举行毕业典礼的时候，有很多同学都哭了，我们在一起生活了四年，感情非常深，大家都舍不得离开。虽然我们天各一方，但我们会经常联系，五周年或者十周年的时候，还会聚一聚。

졸업식 때 많은 학우들이 울었다. 우리는 함께 4년을 지냈으며 정이 아주 많이 들어 모두들 헤어지기 아쉬워했다. 비록 우리가 서로 멀리 떨어져 있어 만나기 힘들지만 자주 연락하며 5주년과 10주년 때 같이 모일 것이다.

★ 毕业之后：

★ 졸업 후：

A 都很开心

A 모두 아주 즐거워했다

B 舍不得分手

B 헤어지기 아쉬워했다

C 会经常见面

C 자주 만날 것이다

어휘 举行 jǔxíng 거행하다 | 毕业 bìyè 졸업 | 典礼 diǎnlǐ 식 | 哭 kū 울다 | 深 shēn 깊다 | 舍不得 shěbude 헤어지기 섭섭해하다 | 天各一方 tiāngèyìfāng 서로 멀리 떨어져서 만나기 힘들다 | 联系 liánxì 연락하다 | 周年 zhōunián 주년 | 聚 jù 모이다

해설 보기의 A와 C는 모두 문장 내용과 상충되므로 B가 정답이다.

67
小张很喜欢吃北京的小吃，他希望下次去
北京旅游的时候，可以去尝一尝。

★ 小张希望：

A 学做北京菜
B 去北京吃小吃
C 去很多地方旅游

샤오장은 베이징 스낵을 아주 좋아한다. 그
는 다음에 베이징에 여행 갈 때 한번 먹어
봤으면 한다.

★ 샤오장이 바라는 것은:

A 베이징 요리를 배운 것
B 베이징에 가서 스낵을 먹는 것
C 많은 곳에 가서 여행 하는 거

어휘 小吃 xiǎochī 스낵, 간식 | 尝 cháng 맛보다

해설 보기의 A와 C는 모두 문장에서 언급하지 않은 내용이므로 정답이 될 수 없다. 따라서 B가
정답이다.

68
小刚，你发烧了？你爸爸、妈妈不在家，
我领你去医院看看吧，我现在正好有时
间。

★ 小刚：

A 发烧了
B 在医院
C 陪我去医院

샤오강, 열이 나? 너희 아빠, 엄마가 집에
안 계시니 내가 너를 데리고 병원에 가야겠
어. 마침 내가 지금 시간이 있거든.

★ 샤오강은:

A 열이 난다
B 병원에 있다
C 나를 데리고 병원에 간다

어휘 领 lǐng 인솔하다, 이끌다 | 正好 zhènghǎo 마침 | 陪 péi 동반하다, 모시다

해설 보기의 B와 C는 모두 문장 내용과 상충되므로 정답이 될 수 없다. 따라서 A가 정답이다.

69
自从初中毕业之后就再也没见到过他，没
想到今天会在这里遇到他，他看上去很成
熟，个子也长高了，但性格好像还是和以
前一样。

★ 他以前性格怎么样？

A 很急
B 很慢
C 跟现在一样

중학교 졸업 후 나는 그를 다시 본 적이 없
다. 오늘 이곳에서 그를 만날 줄은 몰랐다.
그는 아주 성숙해 보였고, 키도 많이 컸는
데 성격은 예전과 같은 것 같다.

★ 그가 예전에 성격은 어떠한가?

A 아주 급했다
B 아주 느렸다
C 지금과 같다

어휘 自从 zìcóng …부터 | 初中 chūzhōng 중학교 | 毕业 bìyè 졸업 | 遇到 yùdào 만나다 | 成熟
chéngshú 성숙하다 | 长 zhǎng 자라다 | 性格 xìnggé 성격

해설 문장 맨 마지막 부분의 '但性格好像还是和以前一样, 그런데 성격은 예전과 같은 것 같다'
는 보기 C와 일치한다.

70

也不知道是什么原因，今天路上堵车堵得特别厉害，七点半上课，我八点十分才到学校，我怕老师说我，所以第一节课没敢进去，我想下课以后跟老师好好说说，也许老师会原谅我。

★ 我现在最可能在：

A　家
B　学校
C　去学校的路上

무슨 이유인지 오늘 도로가 아주 많이 막혔다. 7시 반 수업인데 8시 10분이 되어서야 학교에 도착하였다. 나는 선생님이 야단치실 까봐 감히 교실로 들어가지 못했다. 수업이 끝난 다음 선생님께 말씀을 잘 드리면 어쩌면 선생님이 나를 용서 해주실 수도 있을 것 같다.

★ 내가 지금 어디에 있을 가능성이 가장 큰가?

A　집
B　학교
C　학교로 가는 길

어휘　原因 yuányin 원인 | 堵车 dǔchē 차가 막히다 | 厉害 lìhai 심각하다 | 怕 pà 걱정하다, 걱정이 되다 | 说 shuō 야단치다 | 敢 gǎn 감히 | 也许 yěxǔ 어쩌면 | 原谅 yuánliàng 양해하다

해설　길이 많이 막혀 지각하게 되었는데 선생님이 야단치실 까봐 감히 교실로 들어가지 못하고 수업이 끝나길 기다리고 있다고 했으므로, 화자가 지금 학교에 있다는 것을 알 수 있다. 따라서 B가 정답이다.

三、书 写

第 一 部 分

★ 유형파악 & 공략하기
이 부분의 문제는 제시된 여러 개의 단어를 모두 사용하여 하나의 문장을 만들면 되는데,
중국어의 어순과 문법을 염두에 두고 문장을 만들어야 올바른 문장을 만들 수 있다.

71번~75번 문제

例如: 小船 上 一 河 条 有 ➡ 河上有一条小船。
　　　작은 배 위 하나 강 척 있다　　강 위에 배가 한 척 있다.

71 很 我 学 车 想 开 ➡ 我很想学开车。

나는 운전을 배우고 싶다.

해설 보기에 '想' 와 '学' 두 개의 동사가 있는데, 이중 '想' 은 조동사이고, '学' 은 일반동사이다.
조동사는 반드시 다른 동사 앞에 위치해야 하기 때문에 '想学' 의 순서가 된다. 그 다음 '想
学' 앞에 주어를 붙여 주고, 뒤에 목적어를 붙여 주면 된다.

我　　很　　想　　学　　开车。
↳주어　↳부사　↳조동사　↳술어동사　↳목적어

72 我 公司 贸易 在 工作 爸爸 ➡ 我爸爸在贸易公司工作。

저희 아버님은 무역회사에서 근무하십니다.

해설 주어진 단어 중에서 사람이나 인칭대사가 있으면 일단 주어라고 생각하고, 그 뒤에 동사를 붙
여 문장을 만든다. 그리고 동작이 진행되는 장소는 술어 앞에 위치하여 부사어 역할을 한다.

我爸爸　　在贸易公司　　工作。
↳주어　　↳부사어　　↳술어

73 在 你 什么 找 东西 ➡ 你在找什么东西?

무엇을 찾고 있습니까?

 '在'는 '~에서'와 '~에 있다'란 뜻도 있지만, 동사 앞에 와서 동작의 진행을 타낼 수도 있다. 즉 '在+동사'의 형식을 취한다. 그리고 중국어에서 '吗'가 아닌 '什么, 谁, 哪, 哪儿, 几, 多少' 등 의문대사를 이용한 의문문의 어순은 평서문 어순과 같으므로, 의문하고자 하는 위치에 의문대사로 대체하면 된다.

你　　在　　　　　　　　找　　　什么东西?
↳ 주어　↳ 동작의 진행을 나타냄　↳ 술어　↳ 목적어

74　跟 我 来 是 我朋友 的 一起　➡　我是跟我朋友一起来的。

저는 제 친구와 함께 왔습니다.

 '了'는 과거 동작의 완료만 나타낼 수 있으며, 어떤 동작이 이미 발생했다는 전제하에서 그 동작이 발생한 시간·장소·행위의 방식 등은 '是……的' 구문으로 표현해야 한다. 예컨대 '새 옷을 샀습니다'라는 표현은 '我买新衣服了'라고 하면 되고, 언제·어디에서·어떻게·얼마를 주고·누구와 함께 샀는지 등 표현은 '是……的' 구문을 사용해야 한다. 이 문장에서 이미 오긴 왔는데 같이 온 사람이 친구라는 것을 언급하고 있기 때문에 '是……的' 구문을 사용한 것이다.

我　　是　　　　　跟我朋友　　一起　　来　　的。
↳ 주어　↳ '是~的' 구조　↳ 같이 온 사람　↳ 부사　↳ 술어　↳ '是~的' 구조

75　一起 吧 我们 吃 饭 去　➡　我们一起去吃饭吧。

우리 함께 식사하러 갑시다.

 중국어에서 동사가 2개 이상일 경우 먼저 발생한 동작을 앞에 위치하고 나중에 발생한 동작을 뒤에 위치한다. 이 문장에서 가는 동작이 먼저 발생하기 때문에 '去'가 '吃饭' 앞에 온 것이다. 그리고 '一起'는 부사이기 때문에 술어 앞에 와야 하며, '吧'는 문장의 맨 끝에 쓰여 상의·제의·청유 등의 어기를 나타낸다.

我们　　一起　　去　　吃　　饭　　吧。
↳ 주어　↳ 부사　↳ 동사1　↳ 동사2　↳ 목적어　↳ 어기조사

第 二 部 分

76번~80번 문제

例如：　　　guān
没（关）系，别难过，高兴点儿。　➡ 괜찮아요, 너무 슬퍼하지 말고 기분을 좀 푸세요.

76　　　　qǐ
我每天早上六点（起）床。　➡ 나는 매일 아침 6시에 일어난다.

77　　　　Zhōng
我下个星期去（中）国出差。　➡ 나는 다음 주 중국에 출장 간다.

78　　　　xiàn
你为什么（现）在才告诉我？　➡ 왜 이제야 나에게 알려주는 거야?

79　　　　jiā
你知道他（家）在哪儿吗？　➡ 당신은 그의 집이 어디에 있는 지 아십니까?

80　　　　nǚ
你能不能给我介绍一个（女）朋友？　➡ 제게 여자 친구 소개해 주실 수 있습니까?

실전모의고사 3회
정답 및 해설

第三套模拟试题答案

一、听力

第一部分

1. A	2. B	3. F	4. C	5. E
6. D	7. B	8. C	9. A	10. E

第二部分

11. √	12. √	13. ×	14. ×	15. ×
16. √	17. ×	18. √	19. √	20. ×

第三部分

21. C	22. C	23. B	24. B	25. A
26. B	27. C	28. B	29. B	30. A

第四部分

31. C	32. B	33. A	34. B	35. C
36. C	37. A	38. B	39. C	40. A

二、阅读

第一部分

41. C	42. A	43. F	44. B	45. D
46. B	47. C	48. A	49. D	50. E

第二部分

51. E	52. A	53. B	54. F	55. C
56. E	57. A	58. C	59. F	60. B

第三部分

61. C	62. B	63. A	64. C	65. C
66. C	67. B	68. A	69. B	70. A

第一部分

71. 你喜欢吃什么菜?

72. 他已经结婚了。

73. 今天晚上我有个约会。/ 我今天晚上有个约会。

74. 你在书店门口等我吧。/ 我在书店门口等你吧。

75. 下午六点在这里集合。

第二部分

76. 比

77. 方

78. 周

79. 上

80. 什

一、听 力

第 一 部分

모든 문제는 두 사람의 대화로 이루어져 있으며, 두 문장으로 구성되어 있다. 수험생은 녹음을 들은 다음 시험지에 제시된 내용과 일치한 그림을 고르면 된다. 참고로 녹음을 두 번 들려주니 조급해하지 말고 차분하게 들으면 잘 들릴 것이다.

1번~5번 문제

A

B

C

D

E

F

例如: 男: 喂，请问张经理在吗？	남: 여보세요, 말씀 좀 여쭙겠습니다. 장 선생님 계십니까?
女: 他正在开会，您半个小时以后再打，好吗？	여: 회의 중이오니, 30분 후 다시 전화하실래요?
정답　D	

1   女：你在这儿干什么呢? 我找了你半天。

       男：我想买一本小说。

여：여기서 뭐하고 있어? 내가 너를 한참동안 찾았는데.

남：소설 한 권 사려고.

정답   A

어휘   找 zhǎo 찾다 | 半天 bàntiān 한참동안 | 小说 xiǎoshuō 소설

해설   녹음의 맨 마지막 부분에서 소설을 사려고 한다고 했으므로 정답은 A이다.

2   男：你英语说得真好! 在哪儿学的?

       女：我从上小学的时候就开始学英语了，两年前我还去英国留过学。

남：영어 정말 잘한다! 어디에서 배웠어?

여：초등학교 다닐 때부터 영어를 배웠어. 2년 전에 영국에 유학을 다녀온 적도 있어.

정답   B

어휘   开始 kāishǐ 시작하다 | 留学 liúxué 유학하다

해설   영어공부에 관한 이야기이므로 정답은 B이다.

3   女：今天你怎么没骑自行车啊?

       男：我的自行车坏了，没办法只好坐地铁。

여：오늘 왜 자전거를 안탔어?

남：자전거가 고장 나서 할 수 없이 지하철을 탔거든.

정답   F

어휘   骑 qí 타다 | 自行车 zìxíngchē 자전거 | 坏 huài 고장나다 | 办法 bànfǎ 방법 | 只好 zhǐhǎo 부득이 | 地铁 dìtiě 지하철

해설   핵심어는 '今天你怎么没骑自行车啊? 오늘 왜 자전거를 안 탔어?' 이다. 따라서 정답은 F이다.

4   男：我很喜欢运动，你呢? 喜欢什么运动?

       女：我不太喜欢运动，不过我喜欢唱歌和跳舞。

남：난 운동을 아주 좋아하는데, 넌? 어떤 운동을 좋아해?

여：난 운동을 좋아하지 않아, 하지만 노래 부르고 춤추는 것은 좋아해.

정답   C

어휘   不过 búguò 그러나, 하지만 | 唱歌 chànggē 노래 부르다 | 跳舞 tiàowǔ 춤을 추다

해설   운동에 관한 이야기이므로 C가 정답이다.

5   女：今天你怎么又迟到了?

       男：对不起，老师，今天我起晚了，明天我一定早点儿来。

여：오늘 왜 또 지각했어?

남：죄송합니다, 선생님, 제가 오늘 늦게 일어났어요. 내일은 꼭 일찍 오겠습니다.

정답   E

어휘   迟到 chídào 지각하다 | 起晚 qǐwǎn 늦게 일어나다 | 一定 yídìng 반드시

해설   핵심어는 '今天你怎么又迟到了? 오늘 왜 또 지각했어? ' 이다. 따라서 정답은 E이다.

A

B

C

D

E
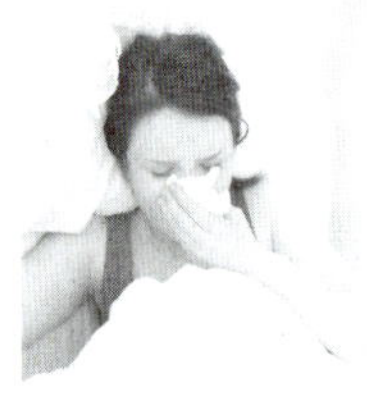

6

男： 你几点下班? 我去接你。
女： 太好了，我们六点下班，你在我们公司的门口等我吧。

남: 몇 시에 퇴근해? 내가 데리러 갈게.
여: 잘됐다, 6시 퇴근이거든, 우리 회사 정문에서 나를 기다려.

정답 D

어휘 接 jiē 마중하다 | 正门 zhèngmén 정문 | 等 děng 기다리다

해설 남자가 여자에게 퇴근시간을 물으면서 마중하러 간다고 했으므로 정답은 D이다.

7

女： 小强，别坐在沙发上吃饭，过来跟爸爸、妈妈一起吃，好吗?
男： 不，我要看电视。

여: 샤오챵, 소파에서 밥 먹지 마, 이쪽으로 와서 아빠, 엄마랑 같이 먹는 게 어때?
남: 싫어요, 난 TV 볼 거예요.

정답 B

어휘 沙发 shāfā 소파 | 过来 guòlái 오다, 다가오다

해설 '看电视, TV를보다' 가 들리면 문제를 쉽게 풀 수 있다.

8 男： 明天是我女朋友的生日，我想送她 남： 내일이 여자 친구 생일이어서 핸드백을 사
  一个手提包，你觉得怎么样？   주려고 하는데, 네 생각엔 어떤 것 같아?

  女： 可以呀，不过如果再送上一束鲜花 여： 괜찮지, 그런데 생화 한 다발을 보태서
  的话，她会更高兴的。   선물하면 더 좋아할 걸.

정답 C

어휘 送 sòng 선물하다 | 手提包 shǒutíbāo 핸드백 | 束 shù 묶음, 다발 | 鲜花 xiānhuā 생화

해설 남자가 여자 친구의 생일에 어떤 선물을 해야 할지 몰라 자문을 구하고 있으니 정답은 C이다.

9 女： 桂林路新开了一家大商场，我们一 여： 꾸이린로에 새로 쇼핑센터가 생겼는데
  起去逛逛吧。   우리 같이 가서 구경하자.

  男： 好啊，我正好想买条裤子。   남： 좋아, 마침 내가 바지를 사려던 중인데.

정답 A

어휘 开 kāi 개업하다 | 商场 shāngchǎng 쇼핑센터 | 逛 guàng 거닐다 | 裤子 kùzi 바지

해설 보기 그림 중 A와 E만 남았는데, 녹음에서 '商场, 쇼핑센터'와 '买条裤子, 바지 하나를 사다'가 나왔는데, 그림 E는 아파서 괴로워하는 내용이므로 정답이 될 수 없다. 따라서 정답은 A이다.

10 男： 还难受吗？   남： 아직도 불편해?

  女： 嗯，还有点儿难受，不过不像刚才 여： 응, 아직도 조금 불편해, 그런데 방금 전
  那么疼了。   처럼 아프진 않아.

정답 E

어휘 难受 nánshòu (몸이) 불편하다, 괴롭다 | 像 xiàng 와 〔과〕 같다 | 刚才 gāngcái 막, 이제 금방, 방금 전 | 疼 téng 아프다

해설 듣기의 맨 앞부분에서 '还难受吗? 아직도 불편해?'라고 했으므로 E가 정답이다.

第 二 部 分

★ 유형따악 & 공략하기
보기 내용이 녹음 내용과 일치하는 지 일치하지 않는 지 판단하는 문제이다. 녹음을 두 번 들려주니 주의 깊게 잘 들으면 문제를 쉽게 풀 수 있을 것이다.

例如： 为了让自己更健康，他每天都花一个小 더욱 건강해 지기 위하여, 그는 매일 1시간씩
  时去锻炼身体。   운동을 한다.

  ★ 他希望自己很健康。   ★ 그는 자신이 아주 건강해지길 바란다.

정답 ∨

例如：　今天我想早点儿回家。看了看手表，才五点。过了一会儿再看表，还是五点，我这才发现我的手表不走了。

★ 那块儿手表不是他的。

오늘 조금 일찍 집에 가려고 시계를 봤더니 5시였다. 그런데 좀 있다가 다시 시계를 봤는데 역시 5시였다. 그제야 내 시계가 멈췄다는 것을 알게 되었다.

★ 그 시계는 그의 것이 아니다.

정답　　×

11번~20번 문제

11　天气预报说今天有雨，可是出门的时候我忘了带雨伞，还好下班的时候没下雨。

★ 他没带雨伞。

일기예보에서 오늘 비가 온다고 했는데 집을 나설 때 우산 가지고 나오는 것을 잊었다. 다행히 퇴근할 때 비가 내리지 않았다.

★ 그는 우산을 가지고 가지 않았다.

정답　　∨

어휘　预报 yùbào 예보 | 出门 chūmén 외출하다 | 忘 wàng 잊다 | 雨伞 yǔsǎn 우산 | 还好 háihǎo 다행히

해설　녹음에서 우산 가지고 나오는 것을 잊었다고 했으므로 정답은 '∨' 이다.

12　刚学钢琴的时候，觉得特别难，没有意思，可是现在我越来越喜欢弹钢琴了。

★ 我以前不喜欢弹钢琴。

처음 피아노를 배우기 시작했을 땐 너무 어려워서 재미없다고 생각했는데, 지금은 피아노 치는 것을 점점 더 좋아하게 되었다.

★ 나는 옛날에 피아노 치는 것을 좋아하지 않았다.

정답　　∨

어휘　钢琴 gāngqín 피아노 | 越来越 yuèláiyuè 점점 | 弹 tán (악기를) 타다, 뜯다, 치다, 연주하다

해설　녹음에서 막 피아노를 배울 땐 재미없었다고 했으므로 정답은 '∨' 이다.

13　真不好意思，今天下午我不能去买书了。因为我妈让我去幼儿园接我弟弟，要不我们明天去买书怎么样？

★ 他打算今天下午去买书。

정말 미안해, 오늘 오후에 너랑 책 사러 갈 수 없어. 엄마가 나더러 남동생을 데리러 유치원에 가라고 해서. 아니면 내일 책 사러 가는 게 어때?

★ 그는 오늘 오후에 책 사러 갈 생각이다.

정답　　×

어휘　让 ràng …하게 하다, …하도록 시키다 | 幼儿园 yòu'éryuán 유치원 | 要不 yàobù 그렇지 않으면 | 打算 dǎsuan …할 생각이다

해설　핵심어는 '今天下午我不能去买书了, 오늘 오후에 너랑 책 사러 갈 수 없어' 이다. 따라서 정답은 '×' 이다.

14 你家可真大，客厅也大，厨房也大，还有一个这么大的花园，真漂亮!

★ 他家很小。

너희 집 정말 크다. 거실도 크고 주방도 크고 게다가 이렇게 큰 화원도 있고 정말 예쁘다!

★ 그의 집은 아주 작다.

정답 ×

어휘 客厅 kètīng 거실 | 厨房 chúfáng 주방 | 花园 huāyuán 화원

해설 녹음의 맨 앞부분에서 '你家可真大, 너희 집은 정말 크다' 라고 했으므로 정답은 '×' 이다.

---

15 我的腿受伤了，两个月前做了手术，不过效果特别好，以前走路的时候有点儿疼，现在一点儿也不疼了。大夫让我多运动，所以我每天都坚持跑步。

★ 他的腿还是有点儿疼。

나는 다리를 다쳐 두 달 전 수술을 했는데, 수술 결과가 아주 좋았다. 예전에 걸을 때 조금 아팠지만 지금은 조금도 아프지 않다. 의사 선생님이 운동을 많이 하라고 해서 난 매일 달리기를 하고 있다.

★ 그의 다리는 아직도 조금 아프다.

정답 ×

어휘 腿 tuǐ 다리 | 受伤 shòushāng 부상당하다 | 手术 shǒushù 수술(하다) | 效果 xiàoguǒ 효과 | 走路 zǒulù 걷다 | 坚持 jiānchí 견지하다 | 跑步 pǎobù 달리다

해설 녹음에서 예전에 걸을 땐 조금 아팠지만 지금은 조금도 아프지 않다고 했으므로 정답은 '×' 이다.

---

16 现在有很多中学生很喜欢玩儿网络游戏，他们一回到家就开始玩儿游戏，有的人甚至上课和睡觉的时候都想着玩儿游戏，影响学习和生活，因此要限制青少年玩儿游戏，特别是老师和家长要时常监督他们。

★ 要限制青少年玩儿网络游戏。

지금 많은 중학생들은 인터넷 게임을 아주 좋아한다. 그들은 집에 도착하자마자 바로 게임을 하며, 어떤 아이들은 심지어 수업할 때와 잠잘 때도 게임 하는 생각을 하고 있다. 이는 공부와 생활에 안 좋은 양향을 미치기 때문에 청소년이 게임 하는 것을 제한해야 하며, 특히 선생님과 학부모님은 그들을 자주 감시해야 한다.

★ 청소년들이 인터넷 게임 하는 것을 제한해야 한다.

정답 ∨

어휘 网络 wǎngluò 네트워크 | 游戏 yóuxì 게임 | 甚至 shènzhì 심지어 | 影响 yǐngxiǎng 영향을 주다 | 生活 shēnghuó 생활 | 因此 yīncǐ 이로 인하여 | 限制 xiànzhì 제한하다 | 青少年 qīngshàonián 청소년 | 时常 shícháng 자주 | 家长 jiāzhǎng 학부모, 보호자 | 监督 jiāndū 감독하다

해설 녹음의 마지막에서 '因此要限制青少年玩儿游戏, 그래서 청소년이 게임 하는 것을 제한해야 한다' 라고 했으므로 정답은 '∨' 이다.

17

我们学校在山区，所以老师不太多，不过每位老师都有自己的特点。有的老师很幽默，有的老师很活泼，有的老师很严肃。

★ 他们学校的老师都很年轻。

우리학교는 산간 지역에 있기 때문에 선생님이 그다지 많지 않다. 그러나 선생님들은 모두 자기만의 특색이 있다. 어떤 선생님은 유머러스하고, 어떤 선생님은 활달하고, 어떤 선생님은 아주 엄숙하다.

★ 그들 학교의 선생님은 모두 아주 젊다.

정답　✕

어휘　山区 shānqū 산간 지역 | 特点 tèdiǎn 특징 | 幽默 yōumò 유머러스한 | 活泼 huópo 활발하다 | 严肃 yánsù 엄숙하다 | 年轻 niánqīng 젊다

해설　보기는 그들 학교의 선생님이 모두 아주 젊다고 했지만, 듣기에서는 이러한 내용을 언급하지 않았다. 따라서 정답은 '✕' 이다.

18

早上吃饭的时候，妈妈对我说："今天晚上我得加班，你和弟弟去吃汉堡吧。"

★ 妈妈今天晚上要加班。

아침에 밥 먹을 때 엄마는 "오늘 저녁에 잔업을 해야 하니, 남동생이랑 햄버거 먹으러 가." 라고 말했다.

★ 엄마는 오늘 저녁에 잔업을 해야 한다.

정답　∨

어휘　加班 jiābān 초과 근무를 하다 | 汉堡 hànbǎo 햄버거

해설　녹음에서 엄마가 아이에게 오늘 저녁에 잔업을 해야 한다고 했으므로 보기는 '∨' 이다.

19

小时候我很喜欢听童话故事，所以妈妈经常给我讲故事，有的故事我都能背下来，比如说，灰姑娘、白雪公主等等。

★ 我喜欢听故事。

어렸을 때 나는 동화이야기 듣는 것을 아주 좋아했다. 엄마는 나에게 자주 동화를 들려주었으며 어떤 이야기는 외울 수 있을 정도였다. 예를 들면 신데렐라, 백설공주 등이다.

★ 나는 이야기를 듣기 좋아한다.

정답　∨

어휘　童话 tónghuà 동화 | 故事 gùshi 이야기 | 讲 jiǎng 이야기하다 | 背下来 bèixialai 외워내다 | 比如 bǐrú 예를 들어 | 灰姑娘 huīgūniang 신데렐라 | 白雪公主 báixuěgōngzhǔ 백설공주

해설　녹음의 맨 앞부분에서 '小时候我很喜欢听童话故事, 어렸을 때 나는 동화이야기 듣는 것을 아주 좋아했다' 라고 했으므로 정답은 '∨' 이다.

20

最近因为看世界杯足球赛，每天凌晨三四点才睡觉，所以白天非常困，喝咖啡也不管用。

★ 他不喜欢看足球赛。

요즘 월드컵 축구경기를 보느라 매일 새벽 3, 4시 되어야 자기 때문에 낮에 많이 졸린다. 커피를 마셔도 소용이 없다.

★ 그는 축구 경기를 보기 좋아하지 않는다.

정답　✕

어휘　世界杯 shìjièbēi 월드컵 | 足球赛 zúqiúsài 축구경기 | 凌晨 língchén 새벽녘 | 白天 báitiān 낮 | 困 kùn 졸리다 | 管用 guǎnyòng 효과적이다

해설　녹음에서 월드컵 축구경기를 보느라 매일 새벽 3, 4시 되어야 잔다고 했으므로 화자가 축구경기를 보기 좋아한다는 것을 알 수 있다. 따라서 정답은 '✕' 이다.

第 三 部 分

이 부분의 문제는 모두 남녀 두 사람이 한 문장씩 말하는 대화로 이루어져 있으며, 세 번째 사람이 대화와 관련된 질문을 한다. 응시자는 시험지에 주어진 3개의 선택 항목 중에서 정답을 고르면 된다. 녹음을 두 번 들려주기 때문에 시간적 여유가 있으니 들리는 단어를 보기에서 체크하면서 풀어도 된다.

例如：	男： 小王，帮我开一下门，好吗? 谢谢!	남： 샤오왕, 문 좀 열어줄 수 있어? 고마워!
	女： 没问题。您去超市了? 买了这么多东西。	여： 문 열어 줄게. 마트에 갔었어? 뭘 많이 샀네.
	问： 男的想让小王做什么?	문： 남자는 샤오왕에게 무엇을 하라고 했나?
	A　开门	A　문을 열어달라고
	B　拿东西	B　물건을 들어달라고
	C　去超市买东西	C　마트에 가서 물건을 사달라고

21번~30번 문제

21

女： 你在找什么?	여： 무엇을 찾고 있어?
男： 我的车钥匙找不到了，你快帮我找找，好不好?	남： 차 키가 안 보이네, 좀 찾아줘.
问： 男的在找什么?	문： 남자는 무엇을 찾고 있나?
A　书	A　책
B　钱包	B　지갑
C　钥匙	C　키

어휘　找 zhǎo 찾다 | 车钥匙 chēyàoshi 차 키 | 钱包 qiánbāo 지갑

해설　무엇을 찾고 있냐는 여자의 질문에 남자가 차 키가 안 보인다고 했으므로 C가 정답이다.

22

男： 你要去哪儿?	남： 어디에 가려고 합니까?
女： 我去博物馆西门，请你一直向前开，在前面的路口往右拐。	여： 박물관 서문이요, 곧장 앞으로 가다가 앞쪽 갈림길에서 우회전하세요.
问： 女的要去哪儿?	문： 여자는 어디에 가려고 하나?
A　美术馆	A　미술관
B　图书馆	B　도서관
C　博物馆	C　박물관

어휘　博物馆 bówùguǎn 박물관 | 西门 xīmén 서문 | 一直 yìzhí 곧장 | 路口 lùkǒu 갈림길 | 拐 guǎi 방향을 바꾸다 | 美术馆 měishùguǎn 미술관

해설　어디에 가려고 하느냐는 남자의 질문에 여자가 박물관 서문에 가려고 한다고 했으므로 C가 정답이다.

23

女: 对不起，我没戴表，现在几点了？

男: 我看一下，现在差十分九点。

问: 现在几点？

A 8 : 40

B 8 : 50

C 8 : 55

여: 죄송한데요, 시계를 안 차고 왔거든요, 지금 몇 시죠?

남: 봅시다, 지금 10분 전 9시입니다.

문: 지금은 몇 시인가?

A 8 : 40

B 8 : 50

C 8 : 55

 戴表 dàibiǎo 시계를 차다 | 差 chà 부족하다

 지금 몇 시냐는 여자의 질문에 남자가 10분 전 9시라고 했으므로 B가 정답이다.

24

男: 昨天跟你一起逛商店的那个男的是谁？

女: 那是我哥，他刚从美国回来。

问: 昨天跟女的一起逛商店的那个男的是谁？

A 是她爸爸

B 是她哥哥

C 是她男朋友

남: 어제 너랑 같이 아이쇼핑을 하던 그 남자는 누구야?

여: 우리 오빠야, 마침 미국에서 왔거든.

문: 어제 여자랑 함께 상점에서 아이쇼핑을 하던 그 남자는 누구인가?

A 그녀의 아빠

B 그녀의 오빠

C 그녀의 남자친구

 逛 guàng 돌아다니다, 구경하다 | 刚 gāng 마침, 방금, 막

 어제 함께 아이쇼핑을 한 사람이 누구냐는 남자의 질문에 여자가 오빠라고 했으므로 B가 정답이다.

25

女: 这是您的早餐，让您久等了。

男: 没关系，麻烦你再帮我拿一杯牛奶，好吗？

问: 男的又要了什么？

A 牛奶

B 面包

C 咖啡

여: 아침 식사가 왔습니다. 오래 기다리게 해서 죄송합니다.

남: 괜찮습니다. 미안하지만 우유 한 잔 부탁해도 될까요?

문: 남자는 또 무엇을 달라고 했나?

A 우유

B 빵

C 커피

 早餐 zǎocān 아침밥 | 让 ràng …하게 하다 | 久等 jiǔděng 오래 기다리다 | 牛奶 niúnǎi 우유

 핵심어는 '麻烦你再帮我拿一杯牛奶，好吗? 미안하지만 우유 한 잔 부탁해도 될까요?' 이다. 따라서 남자가 추가로 부탁 한 것이 우유라는 것을 알 수 있다.

26	男： 昨天玩儿得怎么样？开心吗？	남： 어제 잘 놀았어? 즐거웠어?
	女： 非常开心，吃完饭以后，我们又一起去唱歌了。	여： 아주 즐거웠어. 식사하고 나서 우리는 또 노래하러 갔었어.
	问： 昨天女的做什么了？	문： 여자는 어제 무엇을 했나?
	A 加班了	A 잔업을 했다
	B 出去玩儿了	B 나가서 놀았다
	C 在家里休息了	C 집에서 쉬었다

어휘 开心 kāixīn 기쁘다 | 唱歌 chànggē 노래 부르다 | 加班 jiābān 초과 근무를 하다

해설 어제 잘 놀았냐는 남자의 질문에 여자가 아주 즐겁게 잘 놀았다고 했으므로 B가 정답이다.

27	女： 听说你要去美国留学，什么时候去啊？	여： 네가 미국으로 유학 간다고 들었는데, 언제 가?
	男： 现在还不太清楚，最近我在准备托福考试呢。	남： 아직 잘 모르겠어. 요즘 토플시험을 준비하고 있거든.
	问： 男的最近在忙什么？	문： 남자는 요즘 무엇 때문에 바쁜가?
	A 结婚	A 결혼 때문에
	B 找工作	B 일자리를 구하는 일 때문에
	C 考托福	C 토플 시험 때문에

어휘 留学 liúxué 유학하다 | 不清楚 bùqīngchu 잘 모르겠다 | 准备 zhǔnbèi 준비하다 | 托福 tuōfú 토플 | 考试 kǎoshì 시험 | 找工作 zhǎogōngzuò 일자리를 찾다, 구직하다

해설 핵심어는 '最近我在准备托福考试呢. 요즘 토플시험을 준비하고 있어' 이다. 따라서 C가 정답이다.

28	男： 你买新车了？真漂亮！什么牌子的？	남： 새 차 샀어? 정말 예쁘다! 브랜드는?
	女： 这不是我的车，是我哥哥的车，我的车出了点儿毛病，正在修理。	여： 이건 내 차가 아니라 오빠 차야. 내 차는 고장 나서 수리하고 있거든.
	问： 女的的车怎么了？	문： 여자의 차는 어떻게 되었나?
	A 卖了	A 팔아버렸다
	B 正在修理	B 수리 중이다
	C 借给别人了	C 다른 사람에게 빌려 주었다

어휘 新车 xīnchē 새차 | 牌子 páizi 상표 | 出毛病 chūmáobìng 고장나다 | 修理 xiūlǐ 수리하다 | 借 jiè 빌리다

해설 핵심어는 '我的车出了点儿毛病，正在修理, 내 차는 고장 나서 수리하고 있어' 이다. 따라서 B가 정답이다.

29

女: 一瓶可乐，两个冰激凌和两个汉堡，
对吧？一共是41块3。

男: 给您钱。

问: 男的买了几个汉堡?

A 一个

B 两个

C 三个

여: 콜라 한 잔, 아이스크림 두 개, 햄버거 두 개, 맞으시죠? 모두 41위안 30전입니다.

남: 돈 여기 있습니다.

문: 남자는 햄버거를 몇 개 샀나?

A 한 개

B 두 개

C 세 개

어휘 瓶 píng 병 | 冰激凌 bīngjīlíng 아이스크림 | 汉堡 hànbǎo 햄버거

해설 이 부분의 문제 같은 경우 남자와 여자가 모두 한 문장씩 말하기 때문에 일반적으로 들리는 그대로 문제를 풀면 된다. 이 문제의 경우 녹음의 맨 앞부분에서 여자가 남자에게 콜라 한 잔, 아이스크림 두 개, 햄버거 두 개, 맞느냐고 물으면서 모두 41위안 30전이라고 했으므로 남자가 햄버거를 두 개 샀다는 것을 알 수 있다.

30

男: 这个周末你有没有时间？我想请你
看电影。

女: 真不巧，这个周末我跟朋友约好了
一起去买衣服。

问: 这个周末女的打算做什么?

A 买衣服

B 买手机

C 看电影

남: 이번 주말에 시간 있어? 내가 너 영화 보여줄게.

여: 공교롭게도 이번 주말에 친구랑 같이 옷 사러 가기로 약속했거든.

문: 이번 주말에 여자는 무엇을 할 예정인가?

A 옷을 사러 갈 예정이다

B 핸드폰을 사러 갈 예정이다

C 영화를 볼 예정이다

어휘 真不巧 zhēnbùqiǎo 참 공교롭게 되었네 | 打算 dǎsuan …할 생각이다 | 手机 shǒujī 휴대폰 | 电影 diànyǐng 영화

해설 이번 주말에 시간이 있느냐는 남자의 질문에 여자가 친구랑 옷 사러 가기로 약속했다고 함으로써 A가 정답이다.

★ 유형따악 & 공략하기

이 부분의 문제는 모두 남녀 두 사람이 두 문장씩 말하는 대화로 이루어져 있으며, 세 번째 사람이 대화와 관련된 질문을 한다. 응시자는 시험지에 주어진 3개의 선택 항목 중에서 정답을 고르면 된다. 녹음을 두 번 들려주기 때문에 시간적 여유가 있으니 들리는 단어를 보기에서 체크하면서 풀어도 된다.

例如：	女： 晚饭做好了，准备吃饭了。	여： 밥 다 됐어. 밥 먹을 준비해.
	男： 等一会儿，比赛还有三分钟就结束了。	남： 잠깐만요, 경기가 3분 남았으니 곧 끝날 거에요.
	女： 快点儿吧，一起吃，菜冷了就不好吃了。	여： 빨리 와, 같이 먹어야지, 반찬 식으면 맛없어.
	男： 你先吃，我马上就看完了。	남： 먼저 드세요. 곧 끝나요.
	问： 男的在做什么？	문： 남자는 무엇을 하고 있나?
	A　洗澡	A　샤워하고 있다
	B　吃饭	B　식사를 하고 있다
	C　看电视	C　TV를 보고 있다

31번~40번 문제

31

	男： 对不起，打扰一下，你们这里招人吗？	남： 죄송합니다. 말씀 좀 여쭙겠습니다. 직원을 모집하십니까?
	女： 您是来应聘的吗？等一下，我去叫经理。	여： 우리 회사 지원하러 오셨죠? 잠깐만요, 제가 사장님께 말씀드릴게요.
	男： 麻烦您了。	남： 번거롭게 해서 죄송합니다.
	女： 不客气，您在这里等一下。	여： 별말씀을요, 여기서 좀 기다리세요.
	问： 男的在做什么？	문： 남자는 무엇을 하고 있나?
	A　吃饭	A　식사 중이다
	B　开会	B　회의 중이다
	C　找工作	C　일자리를 찾고 있다

어휘　打扰 dǎrǎo 폐를 끼치다 | 招人 zhāorén 직원을 모집하다 | 应聘 yìngpìn 지원하다 | 经理 jīnglǐ 지배인, 사장 | 麻烦 máfan 귀찮게〔성가시게·번거롭게〕 하다 | 开会 kāihuì 회의를 열다

해설　듣기의 '招人, 직원을 모집하다' 와 '应聘, 지원하다' 둘 중 하나만 들려도 문제를 쉽게 풀 수 있다.

32

女：我想买件白色的衬衫。

男：您看这个怎么样？

女：这件有点儿小，给我拿大一点儿的好吗？

男：这个可以吗？您可以去试衣间试试。

女：谢谢，我去试一下。

问：女的想买什么颜色的衬衫？

A 黑色

B 白色

C 红色

여：흰색 블라우스를 사려고 합니다.

남：이것 어떻습니까?

여：이것은 조금 작은 것 같습니다. 좀 더 큰 것으로 주시면 안 될까요?

남：이것은 어떻습니까? 피팅룸으로 가셔서 입어보셔도 됩니다.

여：감사합니다. 제가 한 번 입어볼게요.

문：여자는 어떤 색의 블라우스를 사려고 하나?

A 검은 색

B 흰 색

C 빨간 색

어휘 衬衫 chènshān 블라우스, 와이셔츠 | 试衣间 shìyījiān 피팅룸 | 试试 shìshi 한번 해보다

해설 핵심어는 '我想买件白色的衬衫，흰색 블라우스를 사려고 합니다' 이다. 따라서 B가 정답이다.

33

男：你一般几点睡觉？

女：平时十一点左右睡，周末睡得晚一些，大概一点睡。

男：那周六晚上我们一起去吃比萨饼怎么样？

女：太好了，我也正想吃比萨饼呢。

问：女的周末几点睡觉？

A 一点

B 一点十分

C 一点半

남：보통 몇 시에 주무십니까?

여：평소에는 11시쯤 자고요, 주말에는 조금 늦게 자는데, 대략 1시에 잡니다.

남：그럼 토요일 저녁에 우리 같이 피자 먹으러 가는 게 어떻습니까?

여：좋아요, 저도 피자를 먹고 싶었던 참인데.

문：여자는 주말에 몇 시에 자는가?

A 1시

B 1시 10분

C 1시 반

어휘 左右 zuǒyòu 가량 | 比萨饼 bǐsàbǐng 피자

해설 핵심어는 '周末睡得晚一些，大概一点睡，주말에는 조금 늦게 자는데, 대략 1시에 잡니다' 이다. 따라서 A가 정답이다.

34

女：飞机票预订好了吗？

男：已经预订好了，我买的是往返票，后天晚上九点的飞机。

女：太晚了吧，没有白天的吗？

男：不太清楚，那我再打电话问一下吧。

问：女的想坐什么时候的飞机？

여：비행기표를 예약해 놨습니까?

남：이미 예약해 놨고요, 왕복표를 샀습니다. 모레 저녁 9시 비행기입니다.

여：너무 늦네요. 낮 시간 대 표는 없습니까?

남：잘 모르겠습니다, 그럼 제가 다시 전화해서 물어볼게요.

문：여자는 어느 시간 대의 비행기를 타려고 하나?

	A 早上的	A 아침 시간

A　早上的　　　　　　　　A　아침 시간
B　**白天的**　　　　　　　B　**낮 시간 대**
C　晚上的　　　　　　　　C　저녁 시간

어휘　飞机票 fēijīpiào 비행기표 | 预定 yùdìng 예약하다 | 往返 wǎngfǎn 왕복하다 | 票 piào 표 | 白天 báitiān 낮

해설　모레 저녁 9시 비행기표를 예매해 놨다는 남자의 말에 여자가 낮 시간 대의 표는 없느냐고 했으므로 여자가 원하는 비행기 표의 시간 대는 낮이라는 것을 알 수 있다.

35

男：明天我要早起，你能叫我吗?

女：可以呀，几点叫您?

男：六点钟吧，我要赶八点的火车。

女：您就放心睡吧，明早六点我准时叫您。

问：男的为什么要早起?

A　开会
B　坐飞机
C　**坐火车**

남：내일 일찍 일어나야 하는데 깨워주실 수 있나요?

여：가능합니다. 몇 시에 깨워드릴까요?

남：6시요, 제가 8시 기차를 타야 하거든요.

여：걱정 마시고 주무세요. 내일 아침 6시 정각에 제가 깨워드릴게요.

문：남자는 왜 일찍 일어나려고 하나?

A　회의가 있어서
B　비행기를 타려고
C　**기차를 타려고**

어휘　叫 jiào 깨우다 | 赶 gǎn 서두르다 | 火车 huǒchē 기차 | 准时 zhǔnshí 정시에 | 飞机 fēijī 비행기

해설　듣기에서 남자가 여자에게 8시 기차를 타야 하니 6시에 깨워달라고 했으므로 C가 정답이다.

36

女：能不能帮我搬一下箱子?

男：没问题，搬到哪儿?

女：搬到我的办公室去吧，搬的时候要小心，因为里面都是玻璃杯。

男：我会小心的，放心吧。

问：女的想让男的做什么?

A　开车
B　开门
C　**搬东西**

여：박스 옮기는 것 좀 도와주실 수 있습니까?

남：문제없습니다. 어디로 옮겨드릴까요?

여：제 사무실까지 옮겨 주세요. 옮길 때 조심하셔야 합니다. 안에 모두 유리컵이거든요.

남：조심 할 테니 걱정 마세요.

문：여자는 남자에게 무엇을 하라고 했나?

A　운전을 하라고
B　문을 열어달라고
C　**물건을 옮겨 달라고**

어휘　搬 bān 옮기다 | 箱子 xiāngzi 상자 | 办公室 bàngōngshì 사무실 | 玻璃杯 bōlibēi 유리잔 | 放心 fàngxīn 마음을 놓다

해설　핵심어는 '能不能帮我搬一下箱子? 박스를 옮기는 것 좀 도와주실 수 있습니까?' 이다. 따라서 C가 정답이다.

37

男：你吃早饭了吗？

女：没有，我一般不吃早饭，你呢？吃
　　了没有？

男：我也没吃，不过我只是今天早上没
　　吃，我一般都是吃早饭的。

女：不吃早饭我都这么胖，如果吃早饭
　　的话，会更胖的。

问：女的为什么不吃早饭？

A　想减肥

B　没时间

C　懒得吃

남：아침 먹었어?

여：아니, 난 보통 아침을 안 먹거든, 넌?
　　먹었어?

남：나도 안 먹었어. 그런데 오늘 아침에만
　　안 먹은 거야. 난 보통 아침을 먹어.

여：아침을 먹지 않아도 이렇게 살이 쪘는
　　데, 아침을 먹으면 더 뚱뚱할 거야.

문：여자는 왜 아침을 안 먹는가?

A　다이어트를 하려고

B　시간이 없어서

C　밥 먹기 싫어서

어휘 早饭 zǎofàn 아침밥 | 胖 pàng 뚱뚱하다 | 减肥 jiǎnféi 살을 빼다 | 懒得 lǎnde 하기 귀찮아하다

해설 핵심어는 '不吃早饭我都这么胖, 如果吃早饭的话, 会更胖的, 아침을 먹지 않아도 이렇게 살이
쪘는데, 아침을 먹으면 더 뚱뚱할 거야' 이다. 따라서 여자가 아침을 안 먹는 이유가 다이어
트를 하기 위해서라는 것을 알 수 있다.

38

女：你姐姐多大了？

男：比我大两岁。

女：真羡慕你啊！我一直都希望能有个
　　姐姐照顾我。

男：是啊！我有一个弟弟和一个姐姐，
　　弟弟总是给我带来很多麻烦，可姐
　　姐却时常帮助我。

问：男的一共有几个兄弟姐妹？

A　两个

B　三个

C　四个

여：네 누나는 나이가 어떻게 됐어?

남：나보다 2살 더 많아.

여：네가 정말 부럽다! 난 줄곧 나를 돌봐주
　　는 언니가 있기를 바랐는데.

남：그래! 난 남동생 한 명이랑 누나 한 명
　　있는데, 남동생은 늘 나를 귀찮게 하는
　　데, 누나는 늘 나를 도와주거든.

문：남자는 형제자매가 몇 명인가?

A　2명

B　3명

C　4명

어휘 羡慕 xiànmù 부러워하다 | 照顾 zhàogù 보살피다 | 总是 zǒngshì 늘 | 麻烦 máfan 귀찮다 | 时
常 shícháng 늘 | 兄弟 xiōngdi 형제 | 姐妹 jiěmèi 자매

해설 녹음의 맨 마지막 부분에서 남자가 '我有一个弟弟和一个姐姐, 난 남동생 한 명이랑 누나 한
명 있어' 라고 했으므로 남자에게 형제자매가 3명이라는 것을 알 수 있다.

39

男：刚才给你打电话，怎么打不通啊？

女：我的手机没电了。

男：是吗？我是想告诉你明天下午要开
　　会的事儿。

남：방금 너에게 전화를 했는데 왜 통화가
　　안 돼?

여：핸드폰 배터리가 나갔어.

남：그래? 내일 오후 회의에 대해 알려주려
　　고.

女：　我已经知道了，经理刚才告诉我了。　　　여：　이미 알고 있어. 사장님이 방금 나에게
　　　　　　　　　　　　　　　　　　　　　　알려줬어.

问：　女的的手机怎么了？　　　　　　　　　문：　여자의 핸드폰은 어떻게 되었나?
A　　丢了　　　　　　　　　　　　　　　　A　　잃어 버렸다
B　　坏了　　　　　　　　　　　　　　　　B　　고장 났다
C　　没电了　　　　　　　　　　　　　　　C　　배터리가 나갔다

어휘 打不通 dǎbùtōng 통화가 안 된다 | 没电 méidiàn 배터리가 나가다 | 告诉 gàosu 알리다 | 经理 jīnglǐ 사장, 지배인 | 丢 diū 잃어버리다 | 坏 huài 고장나다

해설 핵심어는 '我的手机没电了, 내 핸드폰 배터리가 나갔어' 이다. 따라서 C가 정답이다.

40

女：　你快帮我看看，我穿这件衣服怎么　　여：　좀 봐주세요, 제가 입은 이 옷 어때요?
　　　样?

男：　很好，很适合你。　　　　　　　　　남：　아주 좋아요. 당신에게 잘 어울려요.

女：　裙子呢? 穿哪条好? 这条还是那条?　여：　치마는요? 어떤 것 입으면 좋을까요?
　　　　　　　　　　　　　　　　　　　　　이것 아니면 저것?

男：　今年你过生日的时候，我给你买的　　남：　올해 생일 때 내가 사준 치마가 예쁜데,
　　　那条裙子挺好看的，就穿那条吧。　　　　그거 입어요.

问：　女的打算穿什么?　　　　　　　　　　문：　여자는 어떤 옷을 입으려고 하나?
A　　裙子　　　　　　　　　　　　　　　　A　　치마
B　　裤子　　　　　　　　　　　　　　　　B　　바지
C　　运动服　　　　　　　　　　　　　　　C　　운동복

어휘 适合 shìhé 적합하다 | 裙子 qúnzi 치마 | 过生日 guòshēngri 생일을 지내다 | 挺 tǐng 꽤 | 裤子 kùzi 바지 | 运动服 yùndòngfú 운동복

해설 '裙子, 치마' 가 들리면 문제를 쉽게 풀 수 있다.

二、阅 读

第 一 部 分

★ 유형파악 & 공략하기

보기가 A B C D E F로 모두 6개이지만, 그 중 하나는 예문의 보기이기 때문에 실제로는 5개의 보기와 41-45번 문제와 매치하는 셈이다. 즉 41-45 문제 뒤에 이어서 올 말을 보기에서 고르면 된다.

41번~45번 문제

A	是吗？我给你介绍一个女朋友，怎么样？	그래? 내가 여자 친구 소개해 줄 까?
B	差不多都准备好了，你再确认一下人数。	준비가 거의 다 됐습니다. 인원수만 확인하면 됩니다.
C	你不知道吗？咱们公司的地下新开了家健身房，你可以去那儿运动啊。	너 모르고 있었어? 우리 회사 지하에 헬스클럽이 새로 개업했어. 그곳에 가서 운동하면 되잖아.
D	马马虎虎吧，如果有机会的话，我想换一个工作。	그저 그렇습니다. 기회가 있으면 직업을 바꾸려고 합니다.
E	当然。我们先坐公共汽车，然后换地铁。	당연히 알죠. 먼저 버스를 타고, 그 다음 지하철을 갈아타면 됩니다.
F	真不好意思，今天实在是太抱歉了。	정말 죄송합니다. 오늘은 너무 미안하게 됐습니다.

例如： 你知道怎么去那儿吗？   그곳에 가려면 어떻게 가야 하는지 아십니까?

정답 当然。我们先坐公共汽车，然后换地铁。   당연히 알죠. 먼저 버스를 타고, 그 다음 지하철을 갈아타면 됩니다.   (E)

41 我很想运动，可是没有时间。   운동하고 싶은데 시간이 없어.

정답 你不知道吗？咱们公司的地下新开了家健身房，你可以去那儿运动啊。   너 모르고 있었어? 우리 회사 지하에 헬스클럽이 새로 개업했어. 거기 가서 운동하면 되잖아.   (C)

어휘 地下 dìxià 지하 | 开 kāi (사업·흥행 따위를) 열다, 개설하다, 개업하다 | 健身房 jiànshēnfáng 헬스클럽

해설 운동하고 싶은데 시간이 없다고 하였으니 보기에서 운동과 관련된 내용을 찾으면 된다. 보기 C내용을 살펴보면 '健身房, 헬스클럽'와 '运动, 운동하다' 두 단어가 있으며 내용도 문제와 부합함으로써 C가 정답이다.

42　我很想结婚，不过还没有女朋友。　　　　결혼하고 싶은데 아직 여자 친구가 없어.

정답　是吗? 我给你介绍一个女朋友，怎么样?　　　그래? 내가 여자 친구 소개해 줄까? （ A ）

어휘　不过 búguò 그러나 | 介绍 jièshào 소개하다

해설　결혼하고 싶은데 아직 여자 친구가 없다고 하였으니 보기에서 이와 관련된 내용을 찾으면 된다. 보기 A를 살펴보면 '그래? 내가 여자 친구 소개해 줄 까?' 라고 했으므로 A가 정답이다.

43　你们这里的服务态度也太不好了。　　　　이곳의 서비스는 너무 안 좋아요.

정답　真不好意思，今天实在是太抱歉了。　　　정말 죄송합니다. 오늘은 너무 미안하게 됐습니다.　　　　（ F ）

어휘　服务 fúwù 서비스 | 态度 tàidu 태도 | 抱歉 bàoqiàn 미안하게 생각하다, 죄송합니다

해설　서비스가 안 좋다는 말 뒤에 이어서 올 수 있는 말을 보기에서 찾으면 된다. 보기 F를 살펴보면 '정말 죄송합니다. 오늘은 너무 미안하게 됐습니다' 라며 사과하고 있으므로 F가 정답이다.

44　圣诞晚会准备得怎么样了?　　　　크리스마스 이브닝 파티의 준비가 어떻게 됐습니까?

정답　差不多都准备好了，你再确认一下人数。　　준비가 거의 다 됐습니다. 인원수만 확인하면 됩니다.　　　　（ B ）

어휘　圣诞 shèngdàn 성탄절 | 晚会 wǎnhuì 이브닝 파티 | 差不多 chàbuduō 거의, 대체로 | 确认 quèrèn 확인하다 | 人数 rénshù 사람 수

해설　이 부분의 문제를 풀 때 문제와 보기에 같은 단어가 있는지 우선 확인한 다음 내용을 살펴보면 문제를 쉽게 풀 수 있다. 이 문제 같은 경우 문제와 보기 B에 모두 '准备, 준비하다' 가 있으며 내용도 부합함으로써 B가 정답이다.

45　你对你现在的工作满意吗?　　　　지금 하고 있는 일에 만족하십니까?

정답　马马虎虎吧，如果有机会的话，我想换一个工作。　　그저 그렇습니다. 기회가 있으면 직업을 바꾸려고 합니다.　　　　（ D ）

어휘　满意 mǎnyì 만족하다 | 马马虎虎 mǎmǎhūhū 그저 그렇다 | 如果 rúguǒ 만약 | 机会 jīhuì 기회 | 换 huàn 바꾸다

해설　보기 중에 D 하나만 남았으니 정답을 쉽게 찾을 수 있다.

A	昨天晚上我早早儿就睡了。	어제 저녁에 난 일찍 잤어.
B	因为从今天开始所有商品都打八折。	오늘부터 모든 상품을 20%세일하기 때문입니다.
C	买电脑的时候，不能只看颜色和式样，要看功能和牌子。	컴퓨터를 살 때 색상과 디자인만 보면 안 되고, 기능과 브랜드를 봐야 합니다.
D	哎，又得爬楼梯，累死我了。	아이구, 또 계단을 올라야겠네요, 힘들어 죽겠는데.
E	请告诉我您的姓名和联系电话。	당신의 이름과 연락처를 알려주세요.

46 今天百货商店怎么这么多人啊?   오늘 백화점에 왜 사람이 이렇게 많습니까?

정답 因为从今天开始所有商品都打八折。   오늘부터 모든 상품을 20%세일하기 때문입니다. (B)

어휘 所有 suǒyǒu 모든 | 商品 shāngpǐn 상품 | 打折 dǎzhé 디스카운트하다 | 打八折 dǎbāzhé 20% 할인하다

해설 백화점에 왜 사람이 이렇게 많냐는 질문 뒤에 올 수 있는 말을 보기에서 찾으면 된다. 보기 B를 살펴보면 '오늘부터 모든 상품을 20%세일하기 때문입니다' 라고 했으므로 B가 정답이다.

47 我觉得这台电脑比那台电脑漂亮多了。   이 컴퓨터가 저 컴퓨터보다 훨씬 예쁜 것 같은데요.

정답 买电脑的时候，不能只看颜色和式样，要看功能和牌子。   컴퓨터를 살 때 색상과 디자인만 보면 안 되고, 기능과 브랜드를 봐야 합니다. (C)

어휘 台 tái 대 | 只 zhǐ 단지 | 颜色 yánsè 색 | 式样 shìyàng 모양, 디자인 | 功能 gōngnéng 기능 | 牌子 páizi 상표

해설 문제와 보기에 모두 '电脑, 컴퓨터' 가 나와 있으며 보기C 내용을 살펴보면 '컴퓨터를 살 때 색상과 디자인만 보면 안 되고, 기능과 브랜드를 봐야 합니다' 라고 했으므로 C가 정답이다.

48 昨天晚上你去哪儿了? 我给你打了三次电话。   어제 저녁에 어디 갔었어? 내가 너에게 전화를 3번이나 했었어.

정답 昨天晚上我早早儿就睡了。   어제 저녁에 난 일찍 잤어. (A)

어휘 早早儿 zǎozǎor 일찍감치 | 睡 shuì 자다

해설 어제 저녁에 어디 갔었냐는 질문 뒤에 올 수 있는 말을 보기에서 찾으면 된다. 보기 A에서 '어제 저녁에 난 일찍 잤어' 라고 했으므로 A가 정답이다.

49 这台复印机坏了，你得去五楼复印。   이 복사기가 고장 나서 5층으로 가서서 복사해야 합니다.

정답 哎，又得爬楼梯，累死我了。   아이구, 또 계단을 올라야겠네요, 힘들어 죽겠는데. (D)

| 어휘 | 复印机 fùyìnjī 복사기 | 坏 huài 고장나다 | 楼 lóu 층 | 复印 fùyìn 복사하다 | 爬 pá 기다 | 楼梯 lóutī 계단 |

어휘   复印机 fùyìnjī 복사기 | 坏 huài 고장나다 | 楼 lóu 층 | 复印 fùyìn 복사하다 | 爬 pá 기다 | 楼梯 lóutī 계단

해설   복사기가 고장 나서 5층으로 가서 복사해야 한다는 말 뒤에 올 수 있는 내용을 보기에서 찾으면 된다. 보기 D내용을 살펴보면 '아이구, 또 계단을 올라야겠네요, 힘들어 죽겠는데' 라고 했으므로 D가 정답이다.

---

50   昨天我预订了一套房间，麻烦你帮我查一下。   어제 제가 방을 하나 예약했는데요, 번거로우시겠지만 조회 좀 해주세요.

정답   请告诉我您的姓名和联系电话。   당신의 이름과 연락처를 알려주세요. (E)

어휘   预订 yùdìng 예약하다 | 套 tào 벌, 조, 세트, 질 | 麻烦 máfan 귀찮게〔성가시게·번거롭게〕하다 | 查 chá (뒤져서) 찾아보다 | 姓名 xìngmíng 이름 | 联系 liánxì 연락하다

해설   보기 중에 E 하나만 남았으니 정답을 쉽게 찾을 수 있다.

第 二 部 分

★ 유형따악 & 공략하기

보기가 A B C D E F로 모두 6개이지만, 그 중 하나는 예문의 보기이기 때문에 실제로는 5개의 보기 단어를 51-55번 문제 5개의 빈칸에 넣는 셈이다. 즉 한 문제의 빈칸에 한 단어를 골라 채우면 된다.

51번~55번 문제

A	方便	편리하다
B	补药	보약
C	多	많다
D	声音	목소리
E	压力	스트레스
F	以后	이후

例如：   她说话的（ D 声音 ）多好听啊！   그녀가 말하는 (목소리)가 정말 듣기 좋네요!

51   工作（ E 压力 ）太大了，所以我想辞职。   업무상 (스트레스)가 너무 심해서 사직하려고 합니다.

어휘   压力 yālì 과중한 부담, 스트레스 | 辞职 cízhí 사직하다

해설   '所以, 그래서' 는 복문의 뒤 구절에 쓰여 결과나 결론을 나타내고, 앞 구절은 보통 원인을 서술한다. 이 문제 같은 경우 사직하려는 원인은 업무상 스트레스가 너무 심해서이다. 따라서 '压力, 스트레스' 가 정답이다.

52 现在我跟我婆婆住在一起，我觉得非 저는 지금 시어머니와 함께 사는데 너무 불(편
常不（A **方便**）。 하다）는 생각이 듭니다.

어휘 婆婆 pópo 시어머니

해설 지금 시어머니와 함께 살고 있으니 조금 불편하다고 생각할 것이다. 따라서 A가 정답이다.

53 最近我身体有点儿虚，所以我爱人给 요즘 제가 몸이 좀 허약해져서 부인이 (보약)을
我买了一些（B **补药**）。 사주었습니다.

어휘 虚 xū 허약하다 | 补药 bǔyào 보약

해설 몸이 좀 허약한 것과 연관 지을 수 있는 것은 '补药, 보약'이므로 B가 정답이다.

54 他回来（F **以后**），让他给我回个电 그가 돌아온 (이후) 제게 전화 좀 하라고 전해
话，好吗? 주세요.

어휘 让 ràng …하게 하다, …하도록 시키다 | 回 huí 회답하다 | 电话 diànhuà 전화

해설 '以后, 이후'는 시간이나 동사 뒤에 모두 쓸 수 있다.
예) '下午一点以后, 오후 1시 이후', '回家以后, 집에 돌아간 이후', '毕业以后, 졸업 후'

55 昨天我喝（C **多**）了，早上起床以后 어제 제가 너무 (많이) 마셔서 아침에 일어날
头疼。 때 머리가 아팠습니다.

어휘 喝多 hēduō 많이 마시다 | 头疼 tóuténg 머리가 아프다

해설 '많이 마셨다'는 '喝多了'라고 표현해야 한다. 이와 같이 동작의 결과를 나타내는 결과
보어는 동사 뒤에 와야 한다.

★ 유형파악 & 공략하기

보기가 A B C D E F로 모두 6개이지만, 그 중 하나는 예문의 보기이기 때문에 실제
로는 5개의 보기 단어를 56-60번 문제 5개의 빈칸에 넣는 셈이다. 즉 한 문제의 빈칸에
한 단어를 골라 채우면 된다. 이 부분의 문제는 모두 대화로 이루어져 있으니 문제를
풀 때 대화의 흐름을 잘 따악해야 한다.

56번~60번 문제

A	带	휴대하다
B	地点	장소
C	忙	바쁘다
D	爱好	취미
E	让	~에 의해
F	道	문제를 세는 단위

例如：　A:　你有什么（D 爱好 ）?　　　　당신은 어떤 (취미)가 있습니까?
　　　　B:　我喜欢体育。　　　　　　　　저는 운동을 좋아합니다.

56　A:　我的自行车（E 让）小王骑走了。　　샤오왕(이) 제 자전거를 타고 가버렸습니다.
　　　　B:　是吗? 那我去问问小李。　　　그래요? 그럼 샤오리에게 가서 물어봐야겠네요.

어휘　自行车 zìxíngchē 자전거 | 骑 qí (오토바이·자전거·말 등을) 타다
해설　주어가 동작의 대상이 되어 피동을 나타내는 문장을 '被' 자문 이라고 하며, '被' 자문은
전치사 '被, 让, 叫' 를 써서 동작의 주체를 이 끌어 낸다. '被' 자문의 형식은 '목적어+被
/让/叫+주어+동사+기타성분' 이다. 여기서 기타 성분은 '了', 결과보어, 정도보어, 동사의
중첩 등이 해당 된다.

　　我的自行车　　让　　小王　　　骑　　　走了。
　　↳ 목적어　　↳ 让　　↳ 주어　　↳ 동사　　↳ 기타성분(결과보어)
샤오왕이 나의 자전거를 타고 가버렸다.

57　A:　一会儿好像要下雨, 我们快回家吧。　좀 있다가 비가 내릴 것 같으니 우리 빨리 집에 가요.
　　　　B:　没关系, 我（A 带）雨伞了。　　괜찮아요, 제가 우산을 (가져왔)어요.

어휘　一会儿 yíhuìr 곧 | 好像 hǎoxiàng 마치 …과 같다 | 雨伞 yǔsǎn 우산
해설　비가 내릴 것 같아서 걱정하고 있으니 자기가 우산을 가지고 왔으니 걱정하지 말라는 대화
내용이므로 괄호 안에 들어갈 단어는 '带, 휴대하다' 라는 것을 알 수 있다.

58　A:　我给你发短信了, 你没收到吗?　　제가 메시지를 보냈는데 받지 못했어요?
　　　　B:　收到了, 可是太（C 忙）了, 所　받았어요, 그런데 너무 (바빠서) 답장을 못했어
　　　　　　以没给你回短信。　　　　　요.

어휘　发 fā 보내다 | 回 huí 회답하다 | 短信 duǎnxìn 문자 메시지 | 收到 shōudào 받다
해설　'太+형용사+了, 너무 ~하다' 는 자주 사용하는 관용구이다. 보기를 살펴보면 형용사는
'忙' 하나 밖에 없으므로 C가 정답이다.

59　A:　今天的考试题难不难?　　　　오늘 시험 문제 어려웠어?
　　　　B:　比上次考试题容易一点儿, 不过　지난 번 시험보다 조금 쉬웠는데 그래도 몇 (문
　　　　　　我还是错了好几（F 道）题。　제) 틀렸어.

어휘　考试 kǎoshì 시험 | 题 tí 문제 | 上次 shàngcì 지난번 | 错 cuò 틀리다 | 道 dào 명령이나 문제
등을 세는 단위
해설　문제를 세는 양사는 '道' 이다. 따라서 F가 정답이다.

60   A: 出发时间和（B **地点**）都告诉大家了吗？

      B: 都告诉了，不过有两个人有事，去不了了。

출발 시간과 (장소)를 여러분들께 알려주셨습니까?

모두 알려드렸습니다. 그런데 두 사람이 일이 있어 갈 수 없게 됐습니다.

어휘
出发 chūfā 출발하다 | 地点 dìdiǎn 장소 | 有事 yǒushì 일이 있다 | 去不了 qùbuliǎo 갈 수 없다

해설
5개의 보기 중에 이젠 B 하나만 남았으니 문제를 쉽게 풀 수 있다.

第 三 部 分

★ 유형파악 & 공략하기

이 부분의 문제는 하나의 단문과 3개의 선택 항목으로 구성되어 있다. 보기 중에서 단문 내용과 일치하는 것을 선택하면 된다. 문제를 풀 때 우선 단문에 나와 있는 인물, 시간, 장소, 주제 등을 연필로 체크해 놓으면 정답을 쉽게 찾을 수 있다.

61번~70번 문제

例如: 您是来参加今天会议的吗？您来早了一点儿，现在才八点半。您先进来坐吧。

회의 참석하러 오셨습니까? 조금 일찍 오셨네요, 지금 8시 반이니, 우선 들어오셔서서 앉아계세요.

★ 会议最可能几点开始？

★ 회의는 몇 시에 시작할 가능성이 가장 큰가?

A 8点
B 8点半
C 9点

A 8시
B 8시반
C 9시

61 小时候上数学课的时候，记得数学老师说过这样一句话：边学边问，才有学问，不懂装懂的人，永远都不会进步。

어렸을 때 수업시간에 수학 선생님이 이런 말을 한 기억이 난다: 배울 때는 물어봐야만 지식을 얻을 수 있으며, 모르며 아는 척하면 영원히 발전할 수 없다.

★ 根据这句话，可以知道:

★ 이 말에 근거하여 알 수 있는 것은:

A 只学不问
B 只问不学
C 要一边学一边问

A 배우기만 하고 묻지 않는다
B 묻기만 하고 배우지 않는다
C 배울 땐 물어봐야 한다

어휘
数学 shùxué 수학 | 记得 jìde 기억하고 있다 | 边…边… biān…biān… …하면서 …하다 | 才 cái 비로소 | 学问 xuéwen 학식, 지식 | 懂 dǒng 알다 | 装 zhuāng …인 체하다 | 永远 yǒngyuǎn 영원히 | 进步 jìnbù 진보하다

해설
문장 중간 부분의 '边学边问，才有学问, 배울 때는 물어봐야만 지식을 얻을 수 있다' 는 보기 C와 일치하므로 C가 정답이다.

62 小李性格有点儿内向，不爱说话，每天在
办公室里只是默默地工作，无论做什么
事，他都非常认真。

    ★ 小李工作的时候：

A 不认真
B **非常认真**
C 上网聊天儿

샤오리는 성격이 조금 내성적이고 말하기
싫어한다. 그는 매일 사무실에서 묵묵히 일
만 하며 어떤 일이든 아주 진지하게 한다.

    ★ 샤오리는 일을 할 때：

A 진지하지 않다
B **아주 진지하다**
C 인터넷 채팅을 한다

어휘 性格 xìnggé 성격 | 内向 nèixiàng 내성적이다 | 爱 ài 좋아하다 | 说话 shuōhuà 말하다 | 默默 mòmò 묵묵히 | 无论 wúlùn …을〔를〕 막론하고 | 认真 rènzhēn 진지하다 | 上网 shàngwǎng 인터넷을 하다 | 聊天儿 liáotiānr 한담하다

해설 보기 A와 C는 모두 문장 내용과 상충되므로 B가 정답이다.

---

63 演员在舞台上表演的时间很短，但却是他
们最开心的时候。在舞台上他们没有生活
上的压力，也没有精神上的压力，可以全
身心地投入到表演之中。

    ★ 舞台上的演员：

A **很投入**
B 很不开心
C 压力很大

연기자가 무대 위에서 연기하는 시간은 비
록 짧지만 그 시간만큼은 가장 즐거운 시간
이다. 무대 위에 있을 때 생활과 정신적인
스트레스가 없기 때문에 몸과 마음을 모두
연기에 몰두할 수 있다.

    ★ 무대 위의 연기자는：

A **몰입할 수 있다**
B 즐겁지 않다
C 스트레스가 심하다

어휘 演员 yǎnyuán 배우 | 舞台 wǔtái 무대 | 表演 biǎoyǎn 공연하다 | 却 què …지만 | 开心 kāixīn 기쁘다 | 生活 shēnghuó 생활 | 压力 yālì 스트레스 | 精神 jīngshén 정신 | 全身心 quánshēnxīn 몸과 마음을 다해 | 投入 tóurù 몰두하다, 몰입하다

해설 보기 B와 C는 모두 문장 내용과 상충되므로 A가 정답이다.

---

64 小王下班以后，一般先去接孩子，到家以
后准备晚饭，吃完饭以后洗碗、打扫房
间，大概忙到九点，然后看会儿电视，晚
上十一点半左右睡觉。

    ★ 小王晚上九点以后做什么？

A 睡觉
B 做饭
C **看电视**

샤오왕은 퇴근 후 보통 우선 아이를 데리러
간다. 집에 도착하면 저녁 식사준비를 하고,
식사를 다 한 다음에는 설거지와 방 청소를
하며 대략 9시까지 바쁘다. 그리고 나서 TV
를 좀 보다가 11반 쯤 잠을 잔다.

    ★ 샤오왕은 9시 이후에 무엇을 하나？

A 잠을 잔다
B 밥을 한다
C **TV를 본다**

어휘 一般 yìbān 일반적으로 | 接 jiē 마중하다 | 洗碗 xǐwǎn 설거지를 하다 | 打扫 dǎsǎo 청소하다 | 左右 zuǒyòu 가량

| 해설 | 문장 마지막 부분의 '大概忙到九点，然后看会儿电视，대략 9시까지 바쁘다. 그러고 나서 TV 를 좀 본다' 는 보기 C와 일치하므로 C가 정답이다. |

65

从后门上车的乘客请刷卡，没有交通卡的乘客请买票，下一站东单，要下车的乘客，请提前做好准备。

후문으로 승차하신 손님은 카드를 단말기에 대 주시고, 교통카드가 없으신 손님은 표를 사시길 바랍니다. 다음 역은 첸먼입니다. 내리실 분은 미리 내릴 준비를 해주시길 바랍니다.

★ 根据这段话，可以知道:

★ 이 말에 근거하여 알 수 있는 것은:

A 只可以刷卡
B 不可以刷卡
C 要做好下车的准备

A 카드만 사용할 수 있다
B 카드를 사용할 수 없다
C 내릴 준비를 해야 한다

| 어휘 | 后门 hòumén 후문 \| 乘客 chéngkè 승객 \| 刷卡 shuākǎ 카드를 긁다 \| 交通卡 jiāotōngkǎ 교통 카드 \| 买票 mǎipiào 표를 사다 \| 下 xià 다음 \| 站 zhàn 정류장 \| 提前 tíqián 앞당기다, 미리 |
| 해설 | 문장 마지막 부분의 '要下车的乘客，请提前做好准备, 내리실 분은 미리 내릴 준비를 해주시 길 바랍니다' 는 보기 C와 일치하므로 C가 정답이다. |

66

高考结束了，虽然考试结果还没有出来，但我终于可以放松一下了，我打算痛痛快快地玩儿一个月。

대학 입학시험이 끝났다. 비록 시험결과는 아직 나오지 않았지만 드디어 긴장을 좀 풀 수 있게 되어 난 한 달 동안 신나게 놀 생각이다.

★ 这次考试:

★ 이번 시험은:

A 不太难
B 不太重要
C 还不知道结果

A 그다지 어렵지 않다
B 그다지 중요하지 않다
C 아직 결과를 모른다

| 어휘 | 高考 gāokǎo 중국의 대학 입학 시험 \| 结束 jiéshù 끝나다 \| 虽然 suīrán 비록 …하지만 \| 结果 jiéguǒ 결과 \| 终于 zhōngyú 마침내 \| 放松 fàngsōng 정신적 긴장을 풀다 \| 打算 dǎsuan …할 생각이다 \| 痛痛快快 tòngtongkuàikuài 통쾌하다, 즐겁다 |
| 해설 | 문장 맨 앞부분의 '高考结束了，虽然考试结果还没有出来, 대학 입학시험이 끝났지만 시험결 과는 아직 나오지 않았다' 는 보기 C와 일치하므로 C가 정답이다. |

67

我爸爸、妈妈都是医生，我也很喜欢医生这个职业，我希望将来能成为一名著名医生，我父母也非常赞成我的想法。

나의 아빠, 엄마는 모두 의사이다. 나도 의사란 직업을 좋아하기 때문에 장래에 유명 의사가 되었으면 한다. 부모님도 모두 나의 생각에 찬성한다.

★ 我希望成为:

★ 나의 장래 희망은:

A 一名教师
B 一名医生
C 一名运动员

A 교사가 되는 것
B 의사가 되는 것
C 운동 선수가 되는 것

 医生 yīshēng 의사 | 职业 zhíyè 직업 | 将来 jiānglái 장래 | 成为 chéngwéi …이 〔가〕 되다 |
著名 zhùmíng 저명하다 | 赞成 zànchéng 찬성하다 | 教师 jiàoshī 교사 | 运动员 yùndòngyuán
운동선수

 보기 A와 C는 모두 문장 내용과 상충되므로 B가 정답이다.

68

你没带手机啊？那怎么办？我的手机没电了，我估计这附近会有公用电话亭，我们找找看。

핸드폰 안 가지고 왔어? 그럼 어떡하지? 내 핸드폰이 배터리가 나갔어. 이 근처에 공중전화가 있을 것 같은데 우리 찾아보자.

★ 我的手机：

A 得充电
B 不是我的
C 被别人借走了

★ 내 핸드폰은：

A 충전해야 한다
B 내 것이 아니다
C 다른 사람이 빌려가 버렸다

 没电 méidiàn 배터리가 나가다 | 估计 gūjì 추측하다 | 附近 fùjìn 부근 | 公用电话 gōngyòngdiànhuà
공중전화 | 充电 chōngdiàn 충전하다 | 被 bèi 피동구에서 주어가 동작의 대상임을 나타냄 | 借 jiè
빌리다

 문장 중간 부분의 '我的手机没电了, 내 핸드폰이 배터리가 나갔다' 는 보기 A와 일치하므로
A가 정답이다.

69

小王明天去大连出差，他原来想开车去，但是他一个人开车太累，而且路上还塞车，所以他决定坐火车去。坐火车很舒服，在火车上可以看书，也可以听音乐。

샤오왕은 내일 다롄에 출장간다. 그는 원래 운전해서 가려고 했는데, 혼자 운전하는 게 너무 힘들고 길에서 차도 막히고 해서 그는 기차를 타기로 결정했다. 기차를 타면 아주 편하다. 기차 안에서 책을 볼 수도 있고, 음악을 들을 수도 있다.

★ 小王打算明天：

A 开车去
B 坐火车去
C 坐飞机去

★ 샤오왕은 내일：

A 운전해서 갈 예정이다
B 기차를 타고 갈 예정이다
C 비행기를 타고 갈 예정이다

 大连 Dàlián 다롄 | 出差 chūchāi 출장 가다 | 而且 érqiě 게다가 | 路 lù 길 | 塞车 sāichē 차가
막히다 | 决定 juédìng 결정 하다 | 音乐 yīnyuè 음악 | 飞机 fēijī 비행기

 문장 중간 부분의 '所以他决定坐火车去, 그래서 그는 기차를 타기로 결정했다' 는 보기 B와
일치하므로 B가 정답이다.

70

今天早上出门的时候特别急，忘了带钥匙，我到学校以后给妈妈打了个电话，妈妈说今天她下班早，叫我不要担心。

★ 我的钥匙可能：

A 在家
B 在妈妈手里
C 在自己手里

오늘 아침에 집을 나섰을 때 너무 급하게 나와서 열쇠를 깜박했다. 학교에 도착해서 엄마에게 전화를 했는데, 엄마가 오늘 일찍 퇴근하니 나더러 걱정하지 말라고 하였다.

★ 나의 열쇠는 아마:

A 집에 있을 것이다
B 엄마 손에 있을 것이다
C 내 손에 있을 것이다

어휘 急 jí 급하다 | 钥匙 yàoshi 열쇠 | 叫 jiào …하게 하다 | 担心 dānxīn 염려하다

해설 오늘 아침에 집을 나섰을 때 너무 급하게 나와서 열쇠를 깜박했다고 했으니 열쇠가 집에 있다는 것을 알 수 있다. 따라서 A가 정답이다.

三、书 写

第 一 部 分

이 부분의 문제는 제시된 여러 개의 단어를 모두 사용하여 하나의 문장을 만들면 되는데,
중국어의 어순과 문법을 염두에 두고 문장을 만들어야 올바른 문장을 만들 수 있다.

71번~75번 문제

例如: 小船　上　一　河　条　有　➡　河上有一条小船。
　　　작은 배　위　하나　강　척　있다　　　강 위에 배가 한 척 있다.

71　喜欢　你　吃　菜　什么　➡

你喜欢吃什么菜?

당신은 어떤 요리를 좋아하십니까?

해설　문장을 만들 때 우선 주어진 단어 중에서 동사를 찾는다. 보기에 '喜欢' 와 '吃' 두 개의 동사
가 있는데, 이중 '喜欢' 은 심리동사이고, '吃' 은 일반동사이다. 심리동사나 조동사는 반드시
다른 동사 앞에 위치해야 하기 때문에 '喜欢吃' 의 순서가 된다. 그리고 중국어에서 '吗' 가
아닌 '什么、谁、哪、哪儿、几、多少' 등 의문대사를 이용한 의문문의 어순은 평서문 어순과
같으므로, 의문하고자 하는 위치에 의문대사로 대체하면 된다.

　你　　　喜欢　　　　吃　　　　什么菜?
　↳ 주어　↳ 심리동사　↳ 일반동사　↳ 목적어

72　结婚　已经　他　了　➡

他已经结婚了。

그는 이미 결혼했습니다.

해설　중국어에서 부사는 동사 앞에 와야 하기 때문에 '已经' 을 '结婚' 앞에 위치해야 하며, 과거 동
작의 완료를 나타내는 '了' 는 문장의 맨 마지막에 위치해야 한다.

　他　　　已经　　　结婚　　　　了。
　↳ 주어　↳ 부사　↳ 술어동사　↳ 동작의 완료를 나타냄

73　约会　今天　我　个　晚上　有　➡

今天晚上我有个约会。

오늘 저녁에 제가 약속이 있습니다.

<u>今天晚上</u>　　<u>我</u>　　　<u>有</u>　　　<u>个</u>　　<u>约会。</u>
　↳ 시간명사　↳ 주어　↳ 술어동사　↳ 양사　↳ 목적어

74　你　门口　我　吧　在　等　书店　➡　你在书店门口等我吧。

서점 정문에서 저를 기다리세요.

해설 주어진 단어 중에서 사람이나 인칭대사가 있으면 일단 주어라고 생각하고, 그 뒤에 동사를 붙여 문장을 만든다. 그리고 동작이 진행되는 장소는 술어 앞에 위치하여 부사어 역할을 하며, '吧'는 문장 맨 끝에 쓰여 상의·제의·청유 등의 어기를 나타낸다.

<u>你</u>　　<u>在书店门口</u>　　<u>等</u>　　　<u>我</u>　　　<u>吧。</u>
↳ 주어　↳ 부사어　　　↳ 술어동사　↳ 목적어　　↳ 청유의 어기를 나타냄

75　下午　这里　集合　六点　在　➡　下午六点在这里集合。

오후 6시에 이곳에서 집합합니다.

해설 이 문장은 주어가 생략된 것이다. 그리고 시간명사는 원래 주어 앞이나 뒤에 모두 올 수 있는데 주어가 생략되었으니 맨 앞에 위치한 것이며, 동작이 진행되는 장소는 술어동사 앞에 위치하여 부사어 역학을 한다.

<u>下午六点</u>　　<u>在这里</u>　　　<u>集合。</u>
↳ 시간명사　　↳ 부사어　　↳ 술어동사

76번~80번 문제

例如：
guān
没（ 关 ）系，别难过，高兴点儿。　➡　괜찮아요, 너무 슬퍼하지 말고 기분을 좀 푸세요.

76
bǐ
我觉得这件衣服（ 比 ）那件衣服好看。　➡　저는 이 옷이 저 옷보다 더 예쁘다고 생각합니다.

77
fāng
你觉得减肥的最好（ 方 ）法是什么？　➡　다이어트를 하는 가장 좋은 방법은 무엇이라고 생각하십니까?

78
zhōu
这个（ 周 ）末我想去看电影。　➡　이번 주말에 저는 영화를 보려고 합니다.

79
shàng
我一般坐公共汽车（ 上 ）班。　➡　저는 보통 버스를 타고 출근합니다.

80
shén
你的拿手菜是（ 什 ）么？　➡　당신이 가장 잘하는 요리는 무엇입니까?

실전모의고사 4회
정답 및 해설

第四套模拟试题答案

一、听力

第一部分

1.	A	2.	B	3.	C	4.	E	5.	F
6.	B	7.	A	8.	D	9.	C	10.	E

第二部分

11.	×	12.	×	13.	√	14.	×	15.	×
16.	√	17.	×	18.	×	19.	√	20.	√

第三部分

21.	B	22.	C	23.	B	24.	A	25.	B
26.	C	27.	C	28.	C	29.	A	30.	C

第四部分

31.	A	32.	B	33.	A	34.	C	35.	A
36.	B	37.	A	38.	B	39.	C	40.	A

二、阅读

第一部分

41.	D	42.	F	43.	C	44.	B	45.	A
46.	E	47.	D	48.	A	49.	B	50.	C

第二部分

51.	E	52.	A	53.	B	54.	C	55.	F
56.	F	57.	C	58.	B	59.	E	60.	A

第三部分

61.	C	62.	B	63.	A	64.	A	65.	B
66.	C	67.	C	68.	A	69.	B	70.	C

三、书写

第一部分

71． 我比较喜欢学数学。

72． 这附近没有地铁站。

73． 哪本书是你的？

74． 这件衣服是我男朋友给我买的。

75． 最近我不太忙。 ／ 我最近不太忙。

第二部分

76． 旅
77． 衣
78． 附
79． 点
80． 电

一、听 力

第 一 部分

모든 문제는 두 사람의 대화로 이루어져 있으며, 두 문장으로 구성되어 있다. 수험생은 녹음을 들은 다음 시험지에 제시된 내용과 일치한 그림을 고르면 된다. 참고로 녹음을 두 번 들려주니 조급해하지 말고 차분하게 들으면 잘 들릴 것이다.

1번~5번 문제

A

B

C

D

E

F

例如： 男： 喂，请问张经理在吗？

남： 여보세요, 말씀 좀 여쭙겠습니다. 장 선생님 계십니까?

女： 他正在开会，您半个小时以后再打，好吗？

여： 회의 중이오니, 30분 후 다시 전화하실래요?

정답 D

1   女： 这附近有没有公共汽车站？   여： 이 근처에 버스정류장이 있습니까?

     男： 有是有，不过有点儿远，走路大概   남： 있긴 있는데, 좀 멉니다. 걸어서 20분
         要二十分钟。   정도 걸릴 것입니다.

정답   A

어휘   附近 fùjìn 부근, 근처 | 公共汽车 gōnggòngqìchē 버스 | 站 zhàn 정류장 | 走路 zǒulù 걷다

해설   버스정류장이 어디냐고 묻고 있으므로 A가 정답이다.

2   男： 那明天我们几点在哪儿见面？   남： 그럼 우리 내일 몇 시 어디에서 만날까?

     女： 下午两点在第一百货商店的正门见   여： 오후 2시 제일백화점 정문에서 만나.
         面吧。

정답   B

어휘   见面 jiànmiàn 만나다 | 百货商店 bǎihuòshāngdiàn 백화점 | 正门 zhèngmén 정문

해설   백화점 정문에서 만나자고 약속했으므로 B가 정답이다.

3   女： 这些东西都是你自己搬过来的？怎   여： 이 물건들을 혼자 옮겨 오셨습니까? 왜
         么不找个人帮帮你啊？   다른 사람에게 도와달라고 하지 않았어요?

     男： 因为其他人都在忙。   남： 다른 사람들이 모두 바빠서요.

정답   C

어휘   搬 bān 옮기다 | 因为 yīnwèi 왜냐하면 | 其他人 qítārén 다른 사람

해설   '搬, 옮기다' 가 들리면 문제를 쉽게 풀 수 있다.

4   男： 你的胳膊怎么肿了？   남： 팔이 왜 부었어?

     女： 昨天骑自行车的时候，不小心摔倒了。   여： 어제 자전거를 탈 때 넘어졌어.

정답   E

어휘   胳膊 gēbo 팔 | 肿 zhǒng 붓다 | 骑 qí 타다 | 自行车 zìxíngchē 자전거 | 摔倒 shuāidǎo 넘어
지다

해설   핵심어는 '你的胳膊怎么肿了？ 팔이 왜 부었어?' 이다. 따라서 E가 정답이다.

5   女： 你怎么那么爱吃方便面啊？   여： 왜 라면을 그렇게 좋아해?

     男： 不是爱吃，是懒得做饭。   남： 좋아하는 게 아니라 밥하기 귀찮아서야.

정답   F

어휘   爱 ài 좋아하다 | 方便面 fāngbiànmiàn 라면 | 懒得 lǎnde 하기 귀찮아하다

해설   핵심어는 '方便面, 라면' 이다. 따라서 F가 정답이다.

A

B

C

D

E

6

男: 外面空气真好！我们出去走走吧。

　　남: 밖에 공기가 정말 좋네! 우리 나가서 산책이나 하자.

女: 是啊！现在是春天，各种花都开了，空气也很新鲜。

　　여: 그래! 지금은 봄이라서 꽃들이 모두 피었고, 공기도 아주 신선해.

정답 B

어휘 空气 kōngqì 공기 | 花 huā 꽃 | 开 kāi (꽃이) 피다 | 新鲜 xīnxiān 신선하다

해설 녹음의 맨 앞부분에서 남자가 날씨가 좋으니 나가서 산책이나 하자고 했으므로 B가 정답이다.

7

女: 孩子，不要在马路上玩儿好不好？

　　여: 애야, 길가에서 놀지 마, 알았어?

男: 知道了，妈妈。

　　남: 알았어, 엄마.

정답 A

어휘 马路 mǎlù 도로, 자동차 도로

해설 녹음의 맨 앞부분에서 엄마가 아이에게 길가에서 놀지 말라고 했으므로 A가 정답이다.

8 男：　明天我们坐火车去还是坐大巴去?　　　남: 우리 내일 기차 타고 갈까 아니면 버스 타고 갈까?

　　女：　坐大巴会塞车，还是坐火车吧。　　　여: 버스 타면 길이 막힐 수 있으니, 기차를 타는 게 나을 것 같다.

정답　D
어휘　火车 huǒchē 기차 | 大巴 dàbā 대형 버스 | 塞车 sāichē 차가 막히다 | 还是 … 吧 háishì…ba 그래도 …하는 편이 낫다
해설　녹음의 맨 마지막에서 '还是坐火车吧, 기차를 타는 게 낫을 것 같다' 라고 했으므로 D가 정답이다.

9 女：　你累不累? 要不我开吧，你休息一会儿。　　　여: 힘들지 않아? 아니면 내가 운전할 테니, 네가 좀 쉬어.

　　男：　没关系，回去的时候你开吧。　　　남: 괜찮아, 돌아갈 때 네가 운전해.

정답　C
어휘　开 kāi 운전하다 | 回去 huíqù 되돌아가다
해설　'开, 운전하다' 가 두 번이나 나왔다. 이로써 C가 정답이라는 것을 알 수 있다.

10 男：　你怎么吃得这么少啊? 再吃点儿吧。　　　남: 왜 이렇게 적게 드십니까? 좀 더 드세요.
　　女：　不能再吃了，最近我正在减肥。　　　여: 더 이상 먹으면 안 됩니다. 요즘 다이어트 중이거든요.

정답　E
어휘　再 zài 더 | 减肥 jiǎnféi 살을 빼다
해설　먹는 이야기를 하고 있으므로 E가 정답이다.

第 二 部 分

보기 내용이 녹음 내용과 일치하는 지 일치하지 않는 지 판단하는 문제이다. 녹음을 두 번 들려주니 주의 깊게 잘 들으면 문제를 쉽게 풀 수 있을 것이다.

例如：　为了让自己更健康，他每天都花一个小时去锻炼身体。　　　더욱 건강해 지기 위하여, 그는 매일 1시간씩 운동을 한다.

　　　★　他希望自己很健康。　　　★ 그는 자신이 아주 건강해지길 바란다.

정답　　∨

例如： 今天我想早点儿回家。看了看手表，才
五点。过了一会儿再看表，还是五点，
我这才发现我的手表不走了。

★ 那块儿手表不是他的。

오늘 조금 일찍 집에 가려고 시계를 봤더니 5
시였다. 그런데 좀 있다가 다시 시계를 봤는
데 역시 5시였다. 그제야 내 시계가 멈췄다는
것을 알게 되었다.

★ 그 시계는 그의 것이 아니다.

정답 ✕

11번~20번 문제

11 这个周末有同学会，不过我去不了了，
因为我要去杭州出差，真可惜。

★ 周末我能去参加同学会。

이번 주말에 동창회가 있는데, 난 갈 수 없을
것 같아. 왜냐하면 항저우에 출장가야 하거든.
너무 아쉽다.

★ 이번 주말에 나는 동창회에 참석할 수 있다.

정답 ✕

어휘 同学会 tóngxuéhuì 동창회 | 不过 búguò 그러나 | 去不了 qùbuliǎo 갈 수 없다 | 出差 chūchāi
출장 가다 | 可惜 kěxī 아쉽다 | 参加 cānjiā 참가하다

해설 녹음의 맨 앞부분에서 주말에 동창회가 있는데 갈 수 없다고 했으므로 '✕' 가 정답이다.

12 我想去买书，你有时间吗? 陪我去书店，
好吗?

★ 我不想去买书。

책을 사러 가려고 하는데, 너 시간 있어? 나
랑 같이 책 사러 가주면 안 돼?

★ 난 책 사러 가고 싶지 않다.

정답 ✕

어휘 陪 péi 동반하다

해설 보기에서 난 책 사러 가고 싶지 않다고 했는데, 녹음에서는 '我想去买书, 책을 사러 가려고
한다' 라고 했으므로 '✕' 가 정답이다.

13 我打算辞职，换个新工作，所以最近每
天都在看报纸，看看有没有招聘广告。

★ 我打算换工作。

난 사직서를 내고 새로운 일을 찾을 생각이
다. 그래서 요즘 매일 신문을 보면서 모집광
고가 있는지 확인하고 있다.

★ 난 직업을 바꿀 생각이다.

정답 ✓

어휘 打算 dǎsuan …할 생각이다 | 辞职 cízhí 사직하다 | 换工作 huàngōngzuò 직업을 바꾸다 | 报
纸 bàozhǐ 신문 | 招聘 zhāopìn 모집하다 | 广告 guǎnggào 광고

해설 녹음의 맨 앞부분에서 '我打算辞职, 换个新工作, 난 사직서를 내고 새로운 일을 찾을 생각이
다' 라고 했으므로 '✓' 가 정답이다.

| 14 | 今天百货商店大减价，很多商品都在打折，苹果打八折，饮料打九折，听说有的衣服打五折，所以商店里人很多。 | 오늘 백화점에서 그랜드 세일하기 때문에 많은 상품들을 할인판매하고 있다. 사과는 20%, 음료수는 10%세일하고, 어떤 옷은 50%할인한다고 들었다. 그래서 상점에 사람이 아주 많다. |

★ 从明天开始百货商店大减价。

★ 내일부터 백화점은 그랜드 세일한다.

정답 ✕

어휘 减价 jiǎnjià 가격을 인하하다 | 打折 dǎzhé 디스카운트하다 | 打八折 dǎbāzhé 20%할인하다 | 饮料 yǐnliào 음료

해설 녹음에서는 오늘부터 백화점에서 그랜드 세일을 한다고 했는데, 보기에서는 내일부터라고 했으므로 '✕' 가 정답이다.

| 15 | 我第一次去夏威夷旅行的时候，印象特别深，那里的大海非常漂亮，虽然气候有点儿热，但阳光却非常好。特别是那里的酒店，不仅干净、舒适，而且服务也非常好。 | 내가 처음 하와이에 여행 갔을 때 인상이 아주 깊었다. 그곳의 바다는 아주 아름다웠으며, 날씨는 좀 더웠지만 햇빛은 아주 좋았다. 특히 그곳의 호텔은 깨끗할 뿐만 아니라, 서비스도 매우 좋았다. |

★ 他对夏威夷的印象不太好。

★ 그는 하와이에 대해 인상이 그다지 좋지 않다.

정답 ✕

어휘 夏威夷 Xiàwēiyí 하와이 | 印象 yìnxiàng 인상 | 深 shēn 깊다 | 大海 dàhǎi 바다 | 气候 qìhòu 기후 | 阳光 yángguāng 햇빛 | 不仅 bùjǐn …뿐만 아니라 | 干净 gānjìng 깨끗하다 | 舒适 shūshì 편(안)하다 | 服务 fúwù 서비스

해설 녹음에서 처음 하와이에 갔을 때 햇빛이 너무 좋았고, 호텔도 깨끗하며 서비스가 좋았다고 했으므로 '✕' 가 정답이다.

| 16 | 2008年的北京奥运会是奥运史上最有新意的一届，让全世界的人看到了一个民族的自尊，同时也对中国有了更进一步的了解，中国通过奥运会向世界展示了自己的潜力。 | 2008년 베이징 올림픽은 올림픽 역사상 가장 새로웠던 한 회였다. 전 세계인들에게 한 민족의 자존심을 보여주었으며, 중국에 대해서도 더 많이 알게 되었다. 중국은 올림픽을 통해 전 세계인들에게 중국의 잠재력을 보여주었다. |

★ 奥运会向世界展示了中国的潜力。

★ 올림픽은 전 세계인들에게 중국의 잠재력을 보여주었다.

정답 ✓

어휘 奥运会 àoyùnhuì 올림픽 | 奥运史 àoyùnshǐ 올림픽 역사 | 新意 xīnyì 새로운 내용 | 届 jiè 회 | 让 ràng …하게 하다 | 全世界 quánshìjiè 전 세계 | 民族 mínzú 민족 | 自尊 zìzūn 자존심 | 同时 tóngshí 동시에 | 进一步 jìnyíbù 나아가 | 了解 liǎojiě 자세하게 알다 | 通过 tōngguò …를 통해 | 展示 zhǎnshì 드러내다 | 潜力 qiánlì 잠재력

해설 핵심어는 '中国通过奥运会向世界展示了自己的潜力，중국은 올림픽을 통해 전 세계인들에게 중국의 잠재력을 보여주었다' 이다. 따라서 'V' 가 정답이다.

| 17 | 写字的时候，有的人用左手，有的人用右手，还有的人两只手都可以用，不过用右手的人比用左手的人多。

★ 每个人写的字都不一样。 | 글씨를 쓸 때, 어떤 사람은 왼손을 사용하고, 어떤 사람은 오른손을 사용하고, 어떤 사람은 두 손을 모두 사용한다. 그러나 오른손을 사용하는 사람은 왼손을 사용하는 사람보다 많다.

★ 모든 사람들이 쓴 글씨는 모두 같지 않다. |

정답 ✕

어휘 写字 xiězì 글씨를 쓰다 | 左手 zuǒshǒu 왼손 | 右手 yòushǒu 오른손 | 只 zhǐ 쪽, 짝 [쌍으로 이루어진 것 중 하나를 세는 단위]

해설 보기에서 '모든 사람들이 쓴 글씨는 모두 같지 않다' 라고 했는데 녹음에는 이러한 내용이 없다. 따라서 정답은 '✕' 이다.

| 18 | 那里好像没有停车场，所以我们不要开车去了，还是打车去吧。如果开车去的话，还不能喝酒。

★ 他们要去修车。 | 그곳에 주차장이 없을 것 같으니 우리 운전해서 가지 말고, 택시 타고 가는 게 좋을 것 같다. 차를 가지고 가면 술도 못 마시잖아.

★ 그들은 차 수리하러 가려고 한다. |

정답 ✕

어휘 停车场 tíngchēchǎng 주차장 | 还是…吧 háishìbā 그래도…하는 편이 낫다 | 如果 rúguǒ 만약 | 修车 xiūchē 차를 수리하다

해설 보기는 차 수리하러 간다는 내용이지만 듣기는 차를 가지고 가지 말고 택시를 타고 가자는 이야기이므로 보기는 '✕' 이다.

| 19 | 小时候我很喜欢去游乐园玩儿，所以现在每当我在电视里看到游乐园的时候，我就会想起过去的往事。

★ 小时候他喜欢去游乐园玩儿。 | 어렸을 때 난 놀이공원에 놀러 가는 것을 아주 좋아했다. 그래서 지금 TV에서 놀이공원만 나오면 옛날 일들이 생각난다.

★ 어렸을 때 그는 놀이공원에 놀러 가는 것을 아주 좋아했다. |

정답 ✔

어휘 游乐园 yóulèyuán 놀이공원 | 当…的时候 dāng…deshíhou ~할 때, ~일 때 | 想起 xiǎngqǐ 생각이 나다, 생각이 떠오르다 | 往事 wǎngshì 지난 일

해설 녹음의 맨 앞부분에서 '小时候我很喜欢去游乐园玩儿, 어렸을 때 난 놀이공원에 놀러 가는 것을 아주 좋아했다' 라고 했으므로 보기는 '✔' 이다.

| 20 | 今天晚上下班以后我想去逛商店，可是我们科长说今晚我们办公室的人要一起会餐，我不喜欢喝酒，也不喜欢热闹，所以我想偷偷溜走。

★ 我不想去会餐。 | 오늘 저녁 퇴근 후 난 상점에 가서 아이쇼핑을 하려는데 과장님이 우리 사무실 직원들이 함께 회식을 한다고 하였다. 난 술도 좋아하지 않고 시끌벅적한 것도 좋아하지 않기 때문에 슬그머니 도망갈 생각이다.

★ 난 회식에 참석하지 않을 생각이다. |

어휘 逛 guàng 거닐다 | 科长 kēzhǎng 과장 | 办公室 bàngōngshì 사무실 | 会餐 huìcān 회식하다 | 热闹 rènao 시끌벅적하다 | 偷偷 tōutōu 남몰래 | 溜走 liūzǒu 슬그머니 사라지다

해설 보기에서 난 회식에 참석하지 않을 생각이라고 했는데 이는 듣기 내용과 일치하다. 따라서 정답은 'V' 이다.

第 三 部 分

★ 유형따악 & 공략하기

이 부분의 문제는 모두 남녀 두 사람이 한 문장씩 말하는 대화로 이루어져 있으며, 세 번째 사람이 대화와 관련된 질문을 한다. 응시자는 시험지에 주어진 3개의 선택 항목 중에서 정답을 고르면 된다. 녹음을 두 번 들려주기 때문에 시간적 여유가 있으니 들리는 단어를 보기에서 체크하면서 풀어도 된다.

例如:	男: 小王，帮我开一下门，好吗? 谢谢!	남: 샤오왕, 문 좀 열어줄 수 있어? 고마워!
	女: 没问题。您去超市了? 买了这么多东西。	여: 문 열어줄게. 마트에 갔었어? 뭘 많이 샀네.
	问: 男的想让小王做什么?	문: 남자는 샤오왕에게 무엇을 하라고 했나?
	A 开门	A 문을 열어달라고
	B 拿东西	B 물건을 들어달라고
	C 去超市买东西	C 마트에 가서 물건을 사달라고

21번~30번 문제

21

女: 你怎么了? 怎么这么没精神啊?	여: 무슨 일이야? 왜 이렇게 기력이 없어 보여?
男: 昨天晚上看电视看到了凌晨四点，只睡了两个小时。	남: 어제 저녁에 TV를 새벽 4시까지 봤거든, 2시간밖에 못 잤어.
问: 男的为什么没精神?	문: 남자는 왜 기력이 없나?
A 生病了	A 병이 생겨서
B 昨晚睡得晚	B 어제 저녁에 늦게 자서
C 心情不太好	C 기분이 안 좋아서

어휘 精神 jīngshen 기력 | 凌晨 língchén 새벽녘 | 只 zhǐ 단지 | 生病 shēngbìng 병이 나다 | 心情 xīnqíng 심정

해설 어제 저녁에 TV를 보느라 2시간 밖에 못 잤다고 했으므로 남자가 기력이 없는 이유를 알 수 있다.

22

男：人怎么这么多啊？得等多长时间
　　啊？

女：这里每天都这样，因为这家小吃店
　　老板的手艺特别好。我们坐在这里
　　等等吧，不要去别的地方了，我想
　　吃这里的担担面。

问：他们最有可能在哪儿？

A　商场
B　车站
C　小吃店

남：사람이 왜 이렇게 많아? 얼마나 기다려
　　야 돼?

여：여기는 매일 이래, 그 이유는 이 스낵바
　　사장님의 음식 솜씨가 아주 좋기 때문
　　이지. 우리 여기 앉아서 좀 기다리자.
　　다른 데 가지 말자. 난 여기 단단몐이
　　먹고 싶어.

문：그들은 어디에 있을 가능성이 가장 큰가?

A　상점
B　정류장
C　스낵바

어휘 小吃店 xiǎochīdiàn 스낵바, 간단한 음식 | 老板 lǎobǎn 사장, 주인 | 手艺 shǒuyì 손재주 | 不要
búyào …하지 마라 | 担担面 dāndànmiàn 단단몐(사천 지방의 향토 국수) | 可能 kěnéng 가능성

해설 '小吃店, 스낵바', '吃, 먹다', '担担面, 단단몐' 세 단어 중 하나만 들려도 이들이 식당에
있다는 것을 알 수 있다. 이와 같이 이 부분의 문제는 남녀 한 문장씩 말하는 대화이므로 들
리는 그대로 이해하면 된다.

23

女：下午在哪儿开会啊？

男：在二楼的小会议室，别来晚了，会议
　　三点开始，你最好提前五分钟来。

问：下午在哪儿开会？

A　一楼的会议室
B　二楼的会议室
C　三楼的会议室

여：오후에 어디에서 회의를 합니까?

남：2층 작은 회의실에서 합니다. 늦게 오지
　　마세요. 회의가 3시 시작하니까 5분 전
　　에 도착하는 게 좋을 것 같아요.

문：오후에 어디에서 회의를 하나?

A　1층 회의실
B　2층 회의실
C　3층 회의실

어휘 开会 kāihuì 회의를 열다 | 楼 lóu 층 | 会议室 huìyìshì 회의실 | 提前 tíqián 앞당기다

해설 '在'은 '~에서'와 '~에 있다'란 두 가지 뜻을 나타내지만 공통점은 '在' 뒤에 모두 장
소가 와야 한다는 것이다. 따라서 장소를 묻는 질문은 '在' 뒤에 오는 장소만 잘 들으면 문제
를 쉽게 풀 수 있다.

24

男：哪个是你姐姐？你快告诉我，我去
　　跟她打个招呼。

女：穿红色连衣裙的那个。

问：她姐姐穿着什么颜色的衣服？

A　红色
B　黄色
C　蓝色

남：어느 분이 당신 언니에요? 제가 가서
　　인사 좀 하려고요.

여：빨간 원피스를 입은 저 분이요.

문：그녀의 언니는 어떤 색의 옷을 입고 있나?

A　빨간색
B　노란색
C　파랑색

| 어휘 | 告诉 gàosu 알리다 \| 打招呼 dǎzhāohu 인사하다 \| 连衣裙 liányīqún 원피스 \| 颜色 yánsè 색 \| 蓝色 lánsè 파랑 |

告诉 gàosu 알리다 | 打招呼 dǎzhāohu 인사하다 | 连衣裙 liányīqún 원피스 | 颜色 yánsè 색 | 蓝色 lánsè 파랑

해설 중국어 질문 방식을 숙지해야 만 문제를 잘 풀 수 있다. 이 문제의 질문 '什么颜色' 은 '어떤 색' 이란 뜻을 나타내고 있다. 이와 같이 의문대사 '什么' 는 명사 앞에 와서 수식어로 쓰일 때 그 명사의 종류를 나타낸다. 그러나 '什么样' 은 구체적인 스타일을 나타낸다.

예) '什么样的衣服, 어떤 스타일의 옷' , '什么样的人, 어떤 스타일의 사람'

25

女: 明天下不下雨啊? 我新买了条裙子, 明天想穿。

男: 天气预报说明天有大雨, 你还是不要穿裙子了。

问: 明天天气怎么样?

A　晴天
B　下雨
C　下雪

여: 내일 비가 올까? 내가 치마를 새로 샀는데, 내일 입고 싶어.

남: 일기예보에서 내일 비가 많이 온다고 했으니 치마를 입지 않는 게 좋을 거야.

문: 내일 날씨는 어떠한가?

A　맑음
B　비가 내린다
C　눈이 내린다

어휘 新 xīn 새 것의 | 裙子 qúnzi 치마 | 预报 yùbào 예보 | 晴天 qíngtiān 맑은 날씨 | 阴天 yīntiān 흐린 날씨 | 下雪 xiàxuě 눈이 내리다

해설 남자가 내일 비가 온다고 했으므로 정답은 B이다.

26

男: 都等了半个小时了, 汽车怎么还不来啊?

女: 看样子汽车是不会来了, 要不我们坐地铁吧。

问: 他们在等什么?

A　人
B　地铁
C　汽车

남: 벌써 반시간이나 기다렸는데, 차가 왜 아직도 안 오지?

여: 보아하니 차가 안 올 것 같다. 아니면 우리 지하철을 타자.

문: 그들은 무엇을 기다리고 있나?

A　사람
B　지하철
C　차

어휘 看样子 kànyàngzi 보아하니 …듯하다 | 要不 yàobù 그렇지 않으면 | 地铁 dìtiě 지하철

해설 핵심어는 '汽车怎么还不来啊? 차가 왜 아직도 안 오지?' 이다. 이로써 이들이 지금 차를 기다리고 있다는 것을 알 수 있다.

27

女： 你要搬家啊？为什么？你不是刚搬
家吗？

男： 我们公司搬到了郊区，每天上下班
要两三个小时，太累了，所以我又
得搬家了。

问： 男的为什么要搬家？

A 他买房子了

B 他的邻居太吵

C 他们公司搬了

여： 이사하려고? 왜? 이제 막 이사하지 않았
어?

남： 우리 회사가 변두리로 이사했거든. 매일
출퇴근하는데 2~3시간이나 걸려 너무
힘들어. 그래서 또 이사해야겠어.

문： 남자는 왜 이사하려고 하나?

A 그가 집을 샀기 때문에

B 그의 이웃이 너무 시끄러워서

C 회사가 이사해서

어휘 搬家 bānjiā 이사하다 | 郊区 jiāoqū 변두리 | 上下班 shàngxiàbān 출퇴근하다 | 房子 fángzi 집
| 邻居 línjū 이웃(집) | 吵 chǎo 시끄럽다

해설 남자가 이사하려는 이유를 묻고 있는데, 핵심어는 '我们公司搬到了郊区，每天上下班要两三个
小时, 우리 회사가 변두리로 이사했거든, 매일 출퇴근하는데 2~3시간이나 걸려' 이다. 따라
서 정답은 C이다.

28

男： 听说你儿子考上大学了，祝贺你
啊！

女： 谢谢！真不容易啊，我儿子考了两年
才考上，这下我可以轻松一下了。

问： 男的为什么要祝贺女的？

A 涨工资了

B 生了个儿子

C 儿子考上大学了

남： 아드님이 대학에 붙었다고 들었어요, 축
하합니다!

여： 감사합니다! 정말 쉽지 않네요. 우리 아
들이 2년이나 시험을 쳐서 겨우 붙었어
요. 이젠 마음이 좀 홀가분해 질 수 있
을 것 같아요.

문： 남자는 왜 여자에게 축하한다고 하나?

A 월급이 올라서

B 득남을 했기 때문에

C 아들이 대학에 붙어서

어휘 考上 kǎoshàng 시험에 합격하다 | 祝贺 zhùhè 축하하다 | 容易 róngyì 쉽다 | 这下 zhèxià 이번,
금번 | 轻松 qīngsōng 홀가분하다, 긴장을 풀다 | 涨 zhǎng 오르다 | 工资 gōngzī 월급 | 生
shēng 낳다

해설 핵심어는 '听说你儿子考上大学了，祝贺你啊! 아드님이 대학에 붙었다고 들었어요, 축하합니
다!' 이다. 이로써 남자가 여자에게 축하하는 이유를 알 수 있다.

29

女： 三本书一共是46块，您这是50块，
找您4块。

男： 谢谢！麻烦你帮我包一下好吗？

问： 男的给了女的多少钱？

A 50块

B 60块

C 70块

여： 책 3권 모두 46위안입니다, 50위안 받
았고요, 4위안 거슬러 드립니다.

남： 감사합니다! 번거로우시겠지만 포장 좀
해주실 수 있나요?

문： 남자는 여자에게 얼마를 주었나?

A 50위안

B 60위안

C 70위안

어휘　麻烦 máfan 귀찮게 하다, 폐를 끼치다 | 包 bāo (종이나 베 혹은 기타 얇은 것으로) 싸다

해설　듣기에서 숫자가 나올 경우 들리는 숫자를 모두 메모한 다음 녹음을 다시 한 번 들려 줄 때
　　　대화 내용을 구체적으로 파악하는 것이 유리하다.

30

男：这里是我小时候住过的地方吗？我　　　남: 여기가 제가 어렸을 때 살던 곳입니까?
　　怎么一点儿也想不起来了呢？　　　　　　　왜 하나도 기억이 안 나죠?

女：那时你才六岁，当然不会记得那么　　　여: 그 때 네가 겨우 6살이니 당연히 확실
　　清楚。　　　　　　　　　　　　　　　　　하게 기억을 못하지.

问：他们在说什么？　　　　　　　　　　　문: 그들은 지금 무엇에 대해 이야기하고 있나?

A　学习　　　　　　　　　　　　　　　　A　공부

B　工作　　　　　　　　　　　　　　　　B　일

C　以前住过的地方　　　　　　　　　　　C　옛날에 살던 곳

어휘　记得 jìde 기억하고 있다 | 清楚 qīngchu 분명하다

해설　대화의 주제를 파악하는 문제이다. 녹음을 두 번 들려주기 때문에 듣기와 보기 내용을 하나
　　　하나 체크하면서 문제를 풀면 된다. 이 문제 같은 경우 듣기의 '小时候住过的地方'와 '以前
　　　住过的地方'이 같은 뜻이므로 C가 정답이다.

第 四 部 分

★ 유형파악 & 공략하기

이 부분의 문제는 모두 남녀 두 사람이 두 문장씩 말하는 대화로 이루어져 있으며, 세 번
째 사람이 대화와 관련된 질문을 한다. 응시자는 시험지에 주어진 3개의 선택 항목 중에서
정답을 고르면 된다. 녹음을 두 번 들려주기 때문에 시간적 여유가 있으니 들리는 단어를
보기에서 체크하면서 풀어도 된다.

例如：　女：晚饭做好了，准备吃饭了。　　　여: 밥 다 됐어. 밥 먹을 준비해.

　　　　男：等一会儿，比赛还有三分钟就结束　　남: 잠깐만요, 경기가 3분 남았으니 곧 끝날
　　　　　　了。　　　　　　　　　　　　　　　　거에요.

　　　　女：快点儿吧，一起吃，菜冷了就不好　　여: 빨리 와, 같이 먹어야지, 반찬 식으면
　　　　　　吃了。　　　　　　　　　　　　　　　맛없어.

　　　　男：你先吃，我马上就看完了。　　　　남: 먼저 드세요. 곧 끝나요.

　　　　问：男的在做什么？　　　　　　　　　문: 남자는 무엇을 하고 있나?

　　　　A　洗澡　　　　　　　　　　　　　　A　샤워 하고 있다

　　　　B　吃饭　　　　　　　　　　　　　　B　식사를 하고 있다

　　　　C　看电视　　　　　　　　　　　　　C　TV를 보고 있다

31

男: 您是赵老师吧？我是新转来的学生，我姓李，我叫李新。

女: 你好！请坐，听说你学习很好。

男: 哪里哪里，我原来的学校很小，可这里是市重点学校，我在这里学习可能还会有些吃力，不过请老师放心，我会努力的。

女: 一会儿上课之前我给大家介绍一下，你也简单做一下自我介绍。

问: 他们是什么关系？

A　师生
B　同学
C　同事

남: 조 선생님이시죠? 저는 새로 전학해온 학생인데요, 성은 이 씨이고, 이름은 이 신이라고 합니다.

여: 안녕! 앉아, 네가 공부를 잘한다고 들었는데.

남: 아니에요, 제가 원래 다니던 학교는 아주 작아요. 여기는 시 중점 학교여서 제가 따라가기 조금 힘들 것 같아요. 그런데 선생님 걱정 마세요, 저 열심히 할 거예요.

여: 좀 있다가 수업하기 전에 내가 학생들에게 소개할 테니, 너도 간단하게 자기 소개 좀 해.

문: 그들은 어떤 사이인가?

A　선생님과 학생
B　동창
C　동료

어휘 转来 zhuǎnlái 전학해오다 | 重点 zhòngdiǎn 중요한 | 吃力 chīlì 힘들다 | 简单 jiǎndān 간단하다 | 自我介绍 zìwǒjièshào 자기 소개하다 | 师生 shīshēng 선생과 학생 | 同事 tóngshì 동료

해설 핵심어는 '您是赵老师吧? 我是新转来的学生, 조 선생님이시죠? 저는 새로 전학해온 학생입니다' 이다. 이로써 이들이 선생님과 학생 사이라는 것을 알 수 있다.

32

女: 我要两张去北京的火车票，顺便再问一下，在这里可不可以买回程票？

男: 回程票也可以在这里买，你要几点的？

女: 我要八点的，回程票要早上的。

男: 这是两张往返票，请您拿好。

问: 他们最可能在哪里？

A　机场
B　火车站
C　汽车站

여: 베이징 가는 기차표 두 장 주세요. 참, 말씀 좀 여쭙겠습니다. 여기서 돌아오는 표도 팝니까?

남: 돌아오는 표도 여기에서 살 수 있습니다. 몇 시 것 원하십니까?

여: 8시 걸로 주시고요, 돌아오는 표는 아침 걸로 주세요.

남: 왕복 티켓 두 장입니다. 잘 챙기세요.

문: 그들은 어디에 있을 가능성이 가장 큰가?

A　공항
B　기차역
C　버스정류장

어휘 顺便 shùnbiàn …하는 김에 | 回程 huíchéng 되돌아가는 길 | 机场 jīchǎng 공항 | 火车站 huǒchēzhàn 기차역

해설 듣기의 맨 앞부분에서 여자가 '我要两张去北京的火车票, 베이징 가는 기차표 두 장 주세요' 라고 했으므로 대화가 기차역에서 이루어졌다는 것을 알 수 있다.

33

男: 听说你最近去健身房锻炼身体，你都什么时候去啊?

女: 每周一、三、五。

男: 我也想去，你去的那家健身房怎么样?

女: 刚开业，所以又干净又好，你来吧，我们正好做个伴儿。

问: 女的什么时候去锻炼?

A 周三

B 周四

C 周六

남: 네가 요즘 헬스클럽에 가서 운동을 한다고 들었는데, 언제 가?

여: 매주 월, 수, 금.

남: 나도 가고 싶은데, 네가 다니는 그 헬스클럽 어때?

여: 개업한지 얼마 안돼서 깨끗하고 좋아, 너도 와. 그럼 우리 같이 할 수 있잖아.

문: 여자는 언제 운동하러 가나?

A 수요일

B 목요일

C 토요일

어휘 健身房 jiànshēnfáng 헬스클럽 | 锻炼 duànliàn 단련하다, 운동하다 | 开业 kāiyè 개업하다 | 干净 gānjìng 깨끗하다 | 做伴儿 zuòbànr 동행해 주다

해설 '每周一、三、五'는 '매주 월, 수, 금'이라는 뜻이므로 A가 정답이다.

34

女: 我们怎么去啊?

男: 先坐34路公交车，然后再倒26路就到了。

女: 路上要花多长时间?

男: 大概一个小时吧。

问: 他们打算怎么去?

A 开车

B 走着去

C 坐公交车

여: 우리 어떻게 가지?

남: 우선 34번 버스를 탄 다음, 다시 26번을 갈아타면 돼.

여: 길에서 얼마나 걸려?

남: 대략 1시간 걸릴 거야.

문: 그들은 어떻게 갈 생각인가?

A 운전해서

B 걸어서

C 버스를 타고

어휘 倒 dǎo (차를) 갈아타다 | 路 lù (교통 수단의) 노선 | 花 huā 쓰다, 소비하다 | 打算 dǎsuan …할 생각이다〔작정이다〕 | 走着去 zǒuzheqù 걸어서 가다 | 公交车 gōngjiāochē 버스

해설 핵심어는 '先坐34路公交车，然后再倒26路就到了, 우선 34번 버스를 탄 다음, 다시 26번을 갈아타면 돼'이다. 이로써 이들이 버스를 타고 간다는 것을 알 수 있다.

35

男: 明天是你的生日，你想要什么礼物?

女: 买什么礼物，不用了，我请大家吃饭，你来参加就可以了。

男: 那怎么好意思啊，你喜欢什么? 要不我给你买蛋糕吧。

女: 我已经定做了。

问: 明天是什么日子?

남: 내일 네 생일인데, 어떤 선물 갖고 싶어?

여: 선물은 무슨 선물, 그럴 필요 없어. 내가 밥을 살 테니, 넌 참석하기만 하면 돼.

남: 그럼 미안하지. 너 뭘 좋아해? 아니면 내가 케이크를 사줄까?

여: 내가 이미 주문했어.

문: 내일은 무슨 날인가?

A	女的的生日		A	여자의 생일
B	结婚纪念日		B	결혼기념일
C	男的的生日		C	남자의 생일

어휘 礼物 lǐwù 선물 | 参加 cānjiā 참가하다 | 要不 yàobù 그렇지 않으면 | 蛋糕 dàngāo 케이크 | 定做 dìngzuò 주문 제작하다 | 日子 rìzi 날, 날짜 | 纪念日 jìniànrì 기념일

해설 남자가 여자에게 '明天是你的生日，你想要什么礼物? 내일 네 생일인데, 어떤 선물을 가지고 싶어?' 라고 했으므로 내일이 여자의 생일이라는 것을 알 수 있다.

36

女: 这里好漂亮啊! 来这里旅游真是来对了。

男: 这里风景真好，山美水美，人更美。

女: 你看那朵花多好看啊! 帮我照张相好吗?

男: 可以啊，准备好了吗? 一、二、三。

问: 他们正在做什么?

A	吃饭
B	照相
C	学习

여: 여기 정말 예쁘다! 이곳에 여행오길 정말 잘했네.

남: 여기는 풍경이 아름다울 뿐만 아니라, 산도 아름답고 물도 아름답고 사람은 더욱 아름답네.

여: 저 꽃 좀 봐봐, 정말 예쁘다! 사진 좀 찍어 줄래?

남: 그래, 준비 다 됐어? 하나, 둘, 셋.

문: 그들은 무엇을 하고 있나?

A	밥을 먹고 있다
B	사진을 찍고 있다
C	공부하고 있다

어휘 好 hǎo 아주 | 旅游 lǚyóu 여행하다 | 风景 fēngjǐng 풍경 | 朵 duǒ 송이 | 花 huā 꽃 | 照相 zhàoxiàng 사진을 찍다

해설 그들이 무엇을 하고 있느냐는 질문인데, 듣기에서 여자가 '帮我照张相好吗? 사진 좀 찍어 줄래?' 라고 했으므로 B가 정답이다.

37

男: 请问一下，你看见一个女孩子了吗?

女: 刚才好像看到过一个女孩子。

男: 她是不是穿着红色的裙子、白色的上衣?

女: 对不起，我没仔细看，所以想不起来穿着什么颜色的衣服。

问: 男的在做什么?

A	找孩子
B	买东西
C	打电话

남: 말씀 좀 여쭙겠습니다. 여자 아이 한 명을 보지 못했습니까?

여: 방금 여자 아이 한 명을 본 것 같은데요.

남: 빨간 색 치마를 입고, 흰색 상의를 입지 않았나요?

여: 죄송합니다, 제가 자세히 보지 못해서 어떤 색의 옷을 입었는지 생각이 안 나네요.

문: 남자는 무엇을 하고 있나?

A	아이를 찾고 있다
B	물건을 사고 있다
C	전화를 하고 있다

<table>
<tr><td>어휘</td><td>裙子 qúnzi 치마 | 上衣 shàngyī 윗도리 | 仔细 zǐxì 세심하다 | 想不起来 xiǎngbuqǐlái 생각〔기억〕이 나지 않다 | 颜色 yánsè 색</td></tr>
<tr><td>해설</td><td>듣기의 맨 앞부분에서 '你看见一个女孩子了吗? 여자 아이 한 명을 보지 못했습니까?' 라고 했으므로 남자가 아이를 찾고 있다는 것을 알 수 있다.</td></tr>
</table>

38

女:	那个人是谁啊? 是男的还是女的?	여:	저 사람이 누구야? 남자야 여자야?
男:	他是我的好朋友，他的头发有点儿长，所以看上去像女的。	남:	저 사람은 내 친구인데, 머리가 조금 길어서 여자 같이 보여.
女:	你们俩长得很像，个子也差不多。	여:	너희 둘이 많이 닮았다. 키도 비슷하고.
男:	是啊，很多人都这么说。	남:	그래, 많은 사람들이 모두 그렇게 말해.
问:	头发很长的那个人是男的还是女的?	문:	머리가 긴 그 사람은 남자인가 여자인가?
A	女的	A	여자
B	男的	B	남자
C	不清楚	C	잘 모르겠음

<table>
<tr><td>어휘</td><td>头发 tóufa 머리카락 | 看上去 kànshàngqù 보아하니 …하다 | 像 xiàng …와〔과〕 같다 | 长得 zhǎngde 생기다 | 个子 gèzi 키 | 差不多 chàbuduō 비슷하다</td></tr>
<tr><td>해설</td><td>저 사람이 누구냐는 질문에 남자는 자기 친구인데 머리가 길어 여자 같이 보인다고 하였다. 이 말은 여자가 아니고 남자란 뜻이다. 따라서 B가 정답이다.</td></tr>
</table>

39

男:	我的手机怎么没信号了?	남:	내 핸드폰이 왜 신호가 없지?
女:	因为我们现在在地下室，所以没有信号。	여:	우리는 지금 지하실에 있기 때문에 신호가 없는 거야.
男:	我还以为我的手机坏了呢。	남:	핸드폰 고장 난 줄 알았네.
女:	我第一次来这里的时候，也以为是我的手机出了什么问题。	여:	내가 처음 여기 왔을 때도 핸드폰에 문제가 생긴 줄 알았거든.
问:	他们在哪里?	문:	그들은 어디에 있나?
A	教室里	A	교실 안
B	汽车里	B	차 안
C	地下室	C	지하실

<table>
<tr><td>어휘</td><td>信号 xìnhào 신호 | 地下室 dìxiàshì 지하실 | 坏 huài 고장나다 | 第一次 dìyīcì 처음 | 以为 yǐwéi …인줄 알다 [현대 한어에서 주로 '…라고 여겼는데 아니다' 라는 부정적인 어기를 내포함] | 教室 jiàoshì 교실</td></tr>
<tr><td>해설</td><td>그들이 어디에 있느냐는 질문인데, 듣기에서 여자가 '因为我们现在在地下室，所以没有信号, 우리는 지금 지하실에 있기 때문에 신호가 없는 거야' 라고 했으므로 그들이 지금 지하실에 있다는 것을 알 수 있다.</td></tr>
</table>

40

女： 你妈妈身体怎么样了？我听说她住院了。

男： 前几天感冒了，烧得很厉害，所以就去住院了。

女： 现在怎么样了？好些了吗？

男： 已经好了，明天就可以出院了。

问： 男人的妈妈怎么了？

A 住院了

B 受伤了

C 去旅游了

여： 너희 어머님 건강이 어떠셔? 입원하셨다고 들었는데.

남： 며칠 전 감기에 걸렸는데 열이 많이 나서 입원했어요.

여： 지금은 어때? 좀 좋아지셨어?

남： 이미 좋아지셨어요. 내일이면 퇴원할 수 있어요.

문： 남자의 엄마에게 무슨 일이 있었나?

A 입원했다

B 부상을 당했다

C 여행을 갔다

어휘 住院 zhùyuàn 입원하다 | 烧 shāo 열이 나다 | 厉害 lìhai 심각하다 | 出院 chūyuàn 퇴원하다 | 受伤 shòushāng 부상당하다

해설 3급 듣기에는 함정이 없고 거의 들리는 그대로 문제를 풀면 된다. 이 문제 같은 경우 듣기와 보기에 모두 '住院了, 입원했다'가 있는데, 듣기에서 남자가 어머님이 고열로 입원했는데 내일이면 퇴원할 수 있다고 했으므로 A가 정답이다.

二、阅 读

第 一 部 分

보기가 Ａ Ｂ Ｃ Ｄ Ｅ Ｆ로 모두 6개이지만, 그 중 하나는 예문의 보기이기 때문에 실제로는 5개의 보기와 41-45번 문제와 매치하는 셈이다. 즉 41-45 문제 뒤에 이어서 올 말을 보기에서 고르면 된다.

41번~45번 문제

A	昨天晚上邻居家的孩子哭了一夜，吵得我一夜都没睡好。	어제 저녁에 이웃집 아이가 밤새 울어 시끄러워서 잠을 잘 못 잤거든.
B	真不好意思，我去加油站加油，耽误了一会儿。	정말 미안해, 주유소에 가서 주유하느라 좀 늦었어.
C	我不太清楚，不过前边有一个小卖亭，你去问一下吧。	잘 모르겠는데요, 앞에 작은 매점이 하나 있으니 그곳에 가셔서 물어보세요.
D	是吗? 他怎么没告诉我呢?	그래? 왜 나한테 안 알려줬지?
E	当然。我们先坐公共汽车，然后换地铁。	당연히 알죠. 먼저 버스를 타고, 그 다음 지하철을 갈아타면 됩니다.
F	这孩子晚上不睡，白天睡。	애는 저녁에 안 자고 낮에 자네.

例如：　你知道怎么去那儿吗?　그곳에 가려면 어떻게 가야 하는지 아십니까?

정답　当然。我们先坐公共汽车，然后换地铁。　당연히 알죠. 먼저 버스를 타고, 그 다음 지하철을 갈아타면 됩니다.　(E)

41　你听说了吗? 小李要结婚了。　너 그 얘기 들었어? 샤오리가 결혼한대.

정답　是吗? 他怎么没告诉我呢?　그래? 왜 나한테 안 알려줬지?　(D)

어휘　要…了 yào…le 곧…할 것이다 | 告诉 gàosu 알리다

해설　샤오리가 결혼한다는 얘기를 들었냐는 질문 뒤에 올 수 있는 말을 보기에서 찾으면 된다. 보기 D내용을 살펴보면 '그래? 왜 나한테 안 알려줬지?' 라고 했으므로 D가 정답이다.

42　你小点儿声，孩子刚睡着。　소리를 좀 낮추세요, 아이가 막 잠들었어요.

정답　这孩子晚上不睡，白天睡。　애는 저녁에 안자고 낮에 자네.　(F)

어휘　小点儿声 xiǎodiǎnrshēng 소리 좀 낮추세요 | 睡着 shuìzháo 잠들다 | 白天 báitiān 낮

해설　문제와 보기에 모두 '睡, 자다' 가 나와 있으며, F에서 '애는 저녁에 안자고 낮에 자네' 라고 했으므로 F가 정답이다.

43 这附近有卖地图的吗?　　　　　이 근처에 지도 파는 데 있어요?

정답 我不太清楚，不过前边有一个小卖亭，你去问一下吧。　　　잘 모르겠는데요, 앞에 작은 매점이 하나 있으니 그곳에 가서 물어보세요.　　（ C ）

어휘 附近 fùjìn 근처 | 地图 dìtú 지도 | 不清楚 bùqīngchu 잘 모르겠다 | 小卖亭 xiǎomàitíng 작은 매점

해설 이 근처에 지도 파는 데 있느냐는 질문 뒤에 올 수 있는 말을 보기에서 찾으면 된다. 보기 C에서 '잘 모르겠는데요, 앞에 작은 매점이 하나 있으니 그곳에 가서 물어보세요'라고 했으므로 C가 정답이다.

44 你怎么现在才来啊? 我都等了你半个小时了。　　　왜 이제야 오는 거야? 내가 벌써 너를 30분이나 기다렸어.

정답 真不好意思，我去加油站加油，耽误了一会儿。　　　정말 미안해, 주유소에 가서 주유하느라 좀 늦었어.　　（ B ）

어휘 都 dōu 이미, 벌써 | 加油站 jiāyóuzhàn 주유소 | 加油 jiāyóu 주유하다 | 耽误 dānwu 지체하다

해설 왜 늦게 왔느냐고 묻고 있으니 보기에서 늦게 온 이유에 대해 설명하는 내용을 찾으면 된다. 보기 B를 살펴보면 '정말 미안해, 주유소에 가서 주유하느라 좀 늦었어'라고 해명하고 있으므로 B가 정답이다.

45 今天你的脸色怎么这么不好啊?　　　오늘 네 안색이 왜 이렇게 안 좋아?

정답 昨天晚上邻居家的孩子哭了一夜，吵得我一夜都没睡好。　　　어제 저녁에 이웃집 아이가 밤새 울어 시끄러워서 잠을 잘 못 잤거든.　　（ A ）

어휘 脸色 liǎnsè 안색 | 邻居 línjū 이웃집 | 哭 kū 울다 | 吵 chǎo 시끄럽다 | 夜 yè 밤

해설 왜 안색이 이렇게 안 좋으냐고 묻고 있으니 보기에서 안색이 안 좋은 이유에 대해 설명하는 내용을 찾으면 된다. 보기 B를 살펴보면 '어제 저녁에 이웃집 아이가 밤새 울어 시끄러워서 잠을 잘 못 잤거든'라고 말하고 있으므로 A가 정답이다.

46번~50번 문제

A　那怎么办? 我现在没有现金。　　　그럼 어떻게 하죠? 지금 저는 현금이 없어요.

B　我觉得你应该跟他好好儿谈一谈。　　　내 생각엔 네가 사장님이랑 이야기를 나눠보는 게 좋을 것 같다.

C　你是说韩国队对日本队的那场比赛吗?　　　한국팀과 일본팀의 시합을 말하는 거야?

D　是吗? 太好了，真羡慕你呀!　　　그래? 잘됐네, 네가 정말 부럽구나!

E　可以是可以，不过得等到明天。　　　가능하긴 가능한데 내일까지 기다려야 합니다.

46 太重了，我拿着不太方便，还是送到我家去吧。　　　물건이 너무 무거워서 들기가 불편하네요, 저희 집까지 배달해 주는 게 좋을 것 같습니다.

146

| 정답 | 可以是可以，不过得等到明天。 | 가능하긴 가능한데 내일까지 기다려야 합니다. （ E ） |

어휘 重 zhòng 무겁다 | 送 sòng 보내다 | 得 děi …해야 한다 | 到 dào …까지

해설 물건이 너무 무거우니 집까지 배달해 달라는 말 뒤에 올 수 있는 말을 보기에서 찾으면 된다. 보기 E 내용을 살펴보면 '가능하긴 가능한데 내일까지 기다려야 합니다' 라고 했으므로 E가 정답이다.

---

47 告诉你一个好消息，我涨工资了。
너에게 좋은 소식 하나 알려줄게. 나 월급 올랐어.

정답 是吗? 太好了，真羡慕你呀!
그래? 잘됐네, 네가 정말 부럽구나! （ D ）

어휘 告诉 gàosu 알리다 | 消息 xiāoxi 소식 | 涨 zhǎng 오르다 | 工资 gōngzī 월급 | 羡慕 xiànmù 부러워하다

해설 '告诉' 는 직접 목적어 '一个好消息' 와 간접 목적어 '你' 를 함께 동반한 것이다.

---

48 对不起，我们这里不收信用卡。
죄송합니다. 여기에서는 신용카드로 결제할 수 없습니다.

정답 那怎么办? 我现在没有现金。
그럼 어떻게 하죠? 지금 저는 현금이 없어요. （ A ）

어휘 收 shōu 받다 | 信用卡 xìnyòngkǎ 신용카드 | 现金 xiànjīn 현금

해설 신용카드로 결제할 수 없다는 말 뒤에 올 수 있는 말을 보기에서 찾으면 된다. 보기 A에서 '그럼 어떻게 하죠? 지금 저는 현금이 없어요' 라고 했으므로 A가 정답이다.

---

49 我们公司的领导好像对我不太满意，他总是挑我的毛病。
우리 회사 사장님이 나에 대해 그다지 만족해하지 않는 것 같아, 늘 나의 단점을 끄집어내거든.

정답 我觉得你应该跟他好好儿谈一谈。
내 생각엔 네가 사장님이랑 이야기를 나눠보는 게 좋을 것 같다. （ B ）

어휘 领导 lǐngdǎo 상사 | 满意 mǎnyì 만족하다 | 挑 tiāo 끄집어 〔꼬집어〕 내다 | 毛病 máobìng 단점

해설 회사 사장님이 자신에 대해 그다지 만족해하지 않는 것 같다는 말 뒤에 올 수 있는 말을 보기에서 찾으면 된다. 보기 B에서 회사 사장님이랑 이야기를 나눠보는 것이 좋다는 의견을 내놓고 있기 때문에 B가 정답이다.

---

50 昨天晚上的足球赛你看了吗? 精彩极了。
어제 저녁 축구시합을 봤어? 너무 멋있었어.

정답 你是说韩国队对日本队的那场比赛吗?
한국팀과 일본팀의 시합을 말하는 거야? （ C ）

어휘 足球赛 zúqiúsài 축구경기 | 精彩 jīngcǎi 멋지다 | 队 duì 팀 | 对 duì 서로 맞서다, 대치하다 | 场 chǎng (영화, 경기 등을 세는 단위) 회 | 比赛 bǐsài 경기

해설 문제와 보기 C에서 모두 시합에 대해 이야기하고 있으므로 C가 정답이다.

★ 유형파악 & 공략하기
보기가 A B C D E F로 모두 6개이지만, 그 중 하나는 예문의 보기이기 때문에 실제로는
5개의 보기 단어를 51-55번 문제 5개의 빈칸에 넣는 셈이다. 즉 한 문제의 빈칸에 한 단어
를 골라 채우면 된다.

51번~55번 문제

A	贵	비싸다
B	件	옷을 셀 때 쓰는 단위
C	公司	회사
D	声音	목소리
E	运动	운동하다
F	时候	~때

例如： 她说话的（D 声音）多好听啊！　　　그녀가 말하는 (목소리)가 정말 듣기 좋네요!

51 最近工作太忙了，没时间看书，也没　　요즘 일이 너무 바빠서 책을 볼 시간도 없고
时间（E 运动）。　　　　　　　　　　（운동할） 시간도 없어.

해설 '~할 시간이 없다' 는 '没时间+동사' 의 형식을 취해야 한다.
예) '没时间吃饭, 밥 먹을 시간이 없다', '没时间学习, 공부할 시간이 없다'

52 百货商店里的衣服好是好，不过太（A　　백화점의 옷이 좋긴 좋은데, 너무 (비싸다).
贵）了。

어휘 衣服 yīfu 옷
해설 '太+형용사+了, 너무~하다' 는 자주 사용하는 관용구이다. 보기를 살펴보면 형용사는
'贵' 하나 밖에 없으므로 A가 정답이다.

53 今天是我妈妈的生日，我想给我妈妈　　오늘은 엄마 생일이다. 나는 엄마에게 스웨터
买一（B 件）毛衣。　　　　　　　　　（하나）를 사드리려고 한다.

어휘 件 jiàn 건, 개 [일, 옷 등을 세는 단위] | 毛衣 máoyī 스웨터
해설 스웨터를 세는 양사는 '件' 이기 때문에 B가 정답이다.

| 54 | 我家离（**C 公司**）很远，所以上下班
非常不方便。 | 우리 집은 (회사)와 너무 멀어서 출퇴근할 때
아주 불편하다. |

어휘 所以 suǒyǐ 그래서 | 上下班 shàngxiàbān 출퇴근

해설 '离'은 '~에서'란 뜻으로 앞뒤에 모두 장소가 와야 한다. 즉 '장소+离+장소'의 형식을 취한다. 보기를 살펴보면 장소를 나타내는 명사는 '公司' 하나밖에 없기 때문에 C가 정답이다.

| 55 | 回去的（**F 时候**）我不打算坐飞机，
我打算坐火车。 | 돌아갈 (때) 난 비행기를 타지 않고 기차를 탈
생각이다. |

어휘 打算 dǎsuan …할 생각이다 | 飞机 fēijī 비행기 | 火车 huǒchē 기차

해설 '~的时候'은 '~할 때'란 뜻으로 '동사+的时候'의 형식을 취해야 한다.
예) '吃饭的时候, 밥 먹을 때', '睡觉的时候, 잠잘 때'

★ 유형따악 & 공략하기

보기가 A B C D E F로 모두 6개이지만, 그 중 하나는 예문의 보기이기 때문에 실제로는 5개의 보기 단어를 56~60번 문제 5개의 빈칸에 넣는 셈이다. 즉 한 문제의 빈칸에 한 단어를 골라 채우면 된다. 이 부분의 문제는 모두 대화로 이루어져 있으니 문제를 풀 때 대화의 흐름을 잘 따악해야 한다.

56번~60번 문제

A	联系	연락하다
B	被	~에 의해
C	外边	밖
D	爱好	취미
E	睡	자다
F	空儿	시간

| 例如: | A: | 你有什么（**D 爱好** ）？ | 당신은 어떤 (취미)가 있습니까? |
| | B: | 我喜欢体育。 | 저는 운동을 좋아합니다. |

| 56 | A: | 我想请你吃饭，不知道你有没有
（**F 空儿**）。 | 너에게 밥을 사주고 싶은데, 네가 (시간) 있는지
모르겠네. |
| | B: | 什么时候? 除了今晚以外都可以。 | 언제? 오늘 저녁 말고 다 되거든. |

어휘 除了…以外 chúle…yǐwài …을 빼고는, …말고 | 今晚 jīnwǎn 오늘 밤

해설 '有' 뒤에는 명사가 와야 한다. 보기를 살펴보면 '爱好'와 '空儿' 두 개의 명사가 있는데 '爱好'는 예문의 정답이기 때문에 이 문제의 답이 될 수 없으므로 F가 정답이다.

57
A: 周末你一般做什么?　　　　주말에 보통 뭐해?

B: 我一般在家里休息，有时候去　보통 집에서 쉬고, 때로는 (밖에) 나가서 놀기도 해.
　 （C 外边）玩儿。

어휘 周末 zhōumò 주말 | 一般 yìbān 일반적으로

해설 중국어에서 한 문장에 두 개 이상의 동사가 있을 경우 순서는 먼저 발생한 동작이 앞에 오고 나중에 발생한 동작이 뒤에 온다. 따라서 '밖에 놀러 가다'는 '去外边玩儿'로 표현해야 한다.

58
A: 你听说了吗? 他（B 被）炒鱿鱼了。　그 얘기 들었어? 그 사람이 해고(당했)어.

B: 是吗? 你的消息可真灵通啊!　그래? 넌 소식이 정말 빠르구나!

어휘 炒鱿鱼 chǎoyóuyú 해고하다 | 消息 xiāoxi 소식 | 灵通 língtōng (소식, 정보가) 빠르다

해설 '被'은 '당하다'란 뜻을 나타낸다. 예) '被炒鱿鱼了, 해고당하다', '被抓了, 잡혔다'

59
A: 都九点了，快起床吧。　　　　벌써 9시야, 빨리 일어나.

B: 今天是双休日，我想多（E 睡）　오늘은 주말이잖아, 좀 더 (자고)싶어.
　 一会儿。

어휘 都 dōu 이미, 벌써 | 双休日 shuāngxiūrì 이틀 연휴

해설 '더 많이 자다'는 '多睡一会儿'이라고 표현해야 한다. 이와 같이 '多+동사+一会儿'은 어떤 일을 하는 시간을 더 늘리고 싶다는 뜻을 나타낸다. 예) '多玩儿一会儿, 좀 더 놀다'

60
A: 金科长去中国出差了，现在没办　김과장님이 중국에 출장 가서 지금 (연락)할 수
　 法跟他（A 联系）。　　　　　가 없습니다.

B: 昨天我跟他通电话的时候，他没　어제 제가 김과장님이랑 통화할 때 출장 간다는
　 说他要出差啊。　　　　　　　얘기 없었는데요.

어휘 出差 chūchāi 출장 가다 | 办法 bànfǎ 방법 | 通电话 tōngdiànhuà 전화 통화하다

해설 '跟~联系'은 '~와 연락하다'란 뜻을 나타낸다.

第 三 部 分

★ 유형따악 & 공략하기

이 부분의 문제는 하나의 단문과 3개의 선택 항목으로 구성되어 있다. 보기 중에서 단문 내용과 일치하는 것을 선택하면 된다. 문제를 풀 때 우선 단문에 나와 있는 인물, 시간, 장소, 주제 등을 연필로 체크해 놓으면 정답을 쉽게 찾을 수 있다.

例如:　您是来参加今天会议的吗？您来早了一点
儿，现在才八点半。您先进来坐吧。

회의 참석하러 오셨습니까? 조금 일찍 오셨
네요, 지금 8시 반이니, 우선 들어오셔서 앉
아계세요.

★　会议最可能几点开始？

★　회의는 몇 시에 시작할 가능성이 가장 큰가?

A　8点
B　8点半
C　**9点**

A　8시
B　8시반
C　**9시**

61

我和王春光是好朋友，他的爱好很多，他
喜欢运动，还喜欢钓鱼和养花。可是我对
钓鱼和养花都不感兴趣，不过我很喜欢运
动，所以我们常常一起去运动。

나와 왕춘광은 친한 친구이다. 그의 취미는
아주 많다. 운동을 좋아하고 낚시와 꽃 기르
는 것을 좋아한다. 나는 낚시와 꽃 기르는
것에 흥미가 없다. 그러나 난 운동을 아주
좋아한다. 그래서 우린 자주 같이 운동한다.

★　我不喜欢:

★　내가 좋아하지 않는 것은:

A　钓鱼和运动
B　养花和运动
C　**钓鱼和养花**

A　낚시와 운동
B　꽃 기르는 것과 운동
C　**낚시와 꽃 기르는 것**

어휘　钓鱼 diàoyú 낚시하다 | 养花 yǎnghuā 꽃을 가꾸다 | 感兴趣 gǎnxìngqù 관심이 있다

해설　문장 중간부분의 '可是我对钓鱼和养花都不感兴趣, 그러나 난 낚시와 꽃 기른 것에 흥미가 없
다' 는 보기 C와 일치하므로 C가 정답이다.

62

我们公司八点上班，午休时间是从十二点
到一点，午饭有时在公司的食堂吃，有时
去外边的饭店吃，晚上五点下班。

우리 회사는 8시에 출근하고 점심 휴식 시
간은 12시부터 1시이다. 점심은 때로는 회
사 식당에서 먹고 때로는 밖의 식당에서 먹
는다. 저녁 5시가 되면 퇴근한다.

★　我们公司下班时间是:

★　우리 회사 퇴는 시간은:

A　1点
B　**5点**
C　8点

A　1시
B　**5시**
C　8시

어휘　午休 wǔxiū 점심 휴식을 취하다 | 午饭 wǔfàn 점심식사

해설　문장 맨 마지막 부분의 '晚上五点下班, 저녁 5시가 되면 퇴근한다' 는 보기 B와 일치하므로
B가 정답이다.

63

刘景兰家在吴中路，她们公司在浦东，她家离他们公司很远。她家附近没有地铁站，也没有公共汽车站，上下班非常不方便，所以她打算下个月搬家。

류징란의 집은 우중로에 있으며 그녀의 회사는 푸둥에 있다. 그녀의 집과 회사는 아주 멀다. 그녀의 집 근처에는 지하철역도 없고 버스정류장도 없어 출퇴근할 때 아주 불편하다. 그래서 그녀는 다음 달에 이사할 생각이다.

★ 刘景兰家：

A 离公司很远
B 附近有地铁站
C 附近有火车站

★ 류징란의 집은:

A 회사에서 아주 멀다
B 근처에 지하철역이 있다
C 근처에 기차역이 있다.

어휘 地铁站 dìtiězhàn 지하철역 | 上下班 shàngxiàbān 출퇴근 | 搬家 bānjiā 이사하다

해설 보기의 B와 C는 모두 문장 내용과 상충되므로 A가 정답이다.

64

大家注意了，这里是游乐园的正门，从现在开始大家可以自由活动，三点半在海洋馆有表演，六点我们这里集合。

여러분 잘 들으세요. 이곳은 놀이공원 정문인데요, 지금부터 여러분은 자유 활동을 할 수 있습니다. 3시 반에 해양박물관 앞에 공연이 있고, 6시에 이곳에서 집합합니다.

★ 他们六点做什么？

A 集合
B 看表演
C 自由活动

★ 우리는 6시에:

A 집합한다
B 공연을 본다
C 자유활동을 한다

어휘 注意 zhùyì 주의하다 | 游乐园 yóulèyuán 놀이공원 | 正门 zhèngmén 정문 | 自由 zìyóu 자유 | 活动 huódòng 활동 | 海洋馆 hǎiyángguǎn 해양박물관 | 表演 biǎoyǎn 공연하다 | 集合 jíhé 집합하다

해설 문장 맨 마지막 부분의 '六点我们这里集合, 6시에 이곳에서 집합 합니다'는 보기 A와 일치하므로 A가 정답이다.

65

考试的时候大家一定要看清题目，千万不要马虎，做完以后还要仔细检查一遍，不要着急交卷。

시험을 볼 때 여러분들은 제목을 잘 봐야 합니다. 대충하면 절대 안 되고, 문제를 다 푼 다음 한 번 꼼꼼하게 검토해야 하며 급하게 시험 답안지를 제출하지 마세요.

★ 根据这段话，可以知道：

A 考试题很难
B 考试时要细心
C 要快点儿做题

★ 이 말에 근거하여 알 수 있는 것은:

A 시험문제가 아주 어렵다
B 시험 칠 때 꼼꼼해야 한다
C 문제를 빨리 풀어야 한다

어휘 看清 kànqīng 똑똑히〔분명히·잘〕보다 | 题目 tímù 제목 | 千万 qiānwàn 절대로 | 马虎 mǎhu 대충하다, 세심하지 못하다 | 仔细 zǐxì 꼼꼼하다, 세심하다 | 检查 jiǎnchá 검사하다 | 着急 zháojí 조급해하다 | 交卷 jiāojuàn 시험 답안지를 제출하다 | 细心 xìxīn 세심하다 | 做题 zuòtí 문제를 풀다

해설 보기의 A와 C는 모두 문장에서 언급하지 않은 내용이므로 정답이 될 수 없다 따라서 B가 정답이다.

66

这次的抽奖活动结束了，虽然有的人没有抽到奖品，但我们还会继续举办活动，请大家密切关注有关信息。

이번 추첨 행사는 끝났습니다. 비록 당첨이 안 된 분이 있습니다만, 저희가 지속적으로 행사를 진행할 것이니 여러분들이 이와 관련된 소식을 면밀하게 주시하시길 바랍니다.

★ 这次活动：

★ 이번 활동은:

A 还没结束
B 大家都有奖品
C 有些人没得到奖品

A 아직 끝나지 않았다
B 모두 상품을 받을 수 있다
C 어떤 사람은 상품을 받지 못했다

어휘 抽奖 chōujiǎng 수상자를 추첨하다 | 活动 huódòng 활동 | 结束 jiéshù 끝나다 | 抽 chōu 뽑다 | 奖品 jiǎngpǐn 상품 | 继续 jìxù 계속하다 | 举办 jǔbàn 거행하다 | 密切 mìqiè 면밀하게 | 关注 guānzhù 주시하다 | 信息 xìnxī 소식

해설 문장 앞부분의 '虽然有的人没有抽到奖品, 비록 당첨이 안 된 분이 있습니다만' 는 보기 C와 일치하므로 C가 정답이다.

67

我对唐诗很感兴趣，希望有机会可以多看一些唐诗，体会诗中美好的意境。

나는 당시에 대해 관심이 아주 많다. 기회가 있으면 더 많은 당시를 보면서 시의 아름다운 예술적 경지를 체험하고 싶다.

★ 我希望：

★ 나의 희망은:

A 写唐诗
B 学习英语
C 多看唐诗

A 당시를 쓰는 것
B 영어 공부를 하는 것
C 당시를 많이 보는 것

어휘 唐诗 tángshī 당시 | 体会 tǐhuì 체득하다 | 诗 shī 시 | 意境 yìjìng 예술적 경지

해설 보기의 A와 B는 모두 문장에서 언급하지 않은 내용이므로 정답이 될 수 없다 따라서 C가 정답이다.

68

您要去商场吗？请您一直往前走，在第一个十字路口往右拐，然后再一直往前走，大概走五分钟，你就能看到一个白色的高楼。

쇼핑센터로 가려고 하십니까? 곧장 앞으로 가다가 첫 번째 사거리에서 우회전하시고, 그 다음 곧장 앞으로 가세요. 대략 5분 정도 걸으면 흰색 건물이 보일 것입니다.

★ 那个商场：

★ 그 쇼핑 센터는:

A 是白色的   A 흰색이다
B 在银行旁边   B 은행 옆에 있다
C 离这儿很远   C 여기에서 아주 멀다

어휘　商场 shāngchǎng 쇼핑센터 | 往 wǎng (…로) 향하다 | 十字路口 shízìlùkǒu 사거리 | 拐 guǎi 방향을 바꾸다 | 高楼 gāolóu 빌딩

해설　쇼핑센터를 가려는 사람에게 첫 번째 사거리에서 우회전한 다음 대략 5분 정도 걸으면 흰색 건물이 보인다고 했으므로 쇼핑센터가 흰색이라는 것을 알 수 있다. 따라서 A가 정답이다.

69　最近工作特别忙，所以好久没来步行街逛了，这里跟以前比干净了很多，但还是和以前一样繁华。

요즘 나는 일이 너무 바빠서 이 보행자 전용 도로를 한가하게 걸어본 지 오래되었다. 이곳은 예전보다 많이 깨끗해 졌다. 그러나 예전과 다름없이 여전히 번화하다.

★　步行街以前：

A 很冷清

B 很繁华

C 很漂亮

★　예전에 보행자 전용 도로는:

A 아주 쓸쓸했다

B 아주 번화했다

C 아주 예뻤다

어휘　好久 hǎojiǔ 오래다 | 步行街 bùxíngjiē 보행자 전용 도로 | 逛 guàng 거닐다 | 繁华 fánhuá 번화하다 | 冷清 lěngqīng 쓸쓸하다

해설　문장 맨 마지막 부분의 '但还是和以前一样繁华, 그러나 예전과 다름없이 여전히 번화하다'는 보기 B와 일치하므로 B가 정답이다.

70　我去朋友家玩儿，出来的时候忘了拿包，但还好没走出多远，所以很快就把包取回来了。

나는 친구네 집에 놀러 갔었는데, 나올 때 가방을 깜박했다. 다행히 멀리 가지 않아 바로 가방을 찾아 왔다.

★　我的包：

A 丢了

B 在我家

C 落在朋友家了

★　나의 가방은:

A 잃어버렸다

B 나의 집에 있다

C 친구네 집에 빠뜨렸다

어휘　拿 ná (손으로) 들다 | 包 bāo 가방 | 还好 háihǎo 다행히 | 取 qǔ 가지다 | 丢 diū 잃다 | 落 là 빠뜨리다

해설　보기의 A와 B는 모두 문장 내용과 상충되므로 C가 정답이다.

三、书写

第 一 部 分

이 부분의 문제는 제시된 여러 개의 단어를 모두 사용하여 하나의 문장을 만들면 되는데,
중국어의 어순과 문법을 염두에 두고 문장을 만들어야 올바른 문장을 만들 수 있다.

71번~75번 문제

例如：　小船　上　一　河　条　有　➡　河上有一条小船。
　　　　작은 배　위　하나　강　척　있다　　　강 위에 배가 한 척 있다.

71　喜欢　数学　我　学　比较　➡

> 我比较喜欢学数学。
>
> 나는 수학을 배우기 비교적 좋아한다.

해설　문장을 만들 때 우선 주어진 단어 중에서 동사를 찾는다. 보기에 '喜欢' 와 '学' 두 개의 동사가 있는데, 이중 '喜欢' 은 심리동사이고, '学' 은 일반동사이다. 심리동사나 조동사는 반드시 다른 동사 앞에 위치해야 하기 때문에 '喜欢学' 의 순서가 되는 것이다. 그리고 '比较' 은 부사이기 때문에 술어동사 앞에 놓으면 되는데, 문장에 동사가 2개 이상일 경우 첫 번째 동사 앞에 놓는다.

我　　比较　　喜欢　　　学　　　　数学。
↳ 주어　↳ 부사　↳ 심리동사　↳ 일반동사　↳ 목적어

72　有　附近　地铁站　没　这　➡

> 这附近没有地铁站。
>
> 이 근처에는 지하철역이 없다.

해설　'有' 는 어떤 사람이나 장소에 어떤 물건이 있다는 것을 나타낸다. '有' 의 부정은 '没有' 이다.

这附近　没　　　有　　　　地铁站。
↳ 주어　↳ 부정부사　↳ 술어동사　↳ 목적어

73　是　本　你　的　哪　书　➡

> 哪本书是你的?
>
> 어느 책이 네 책이야?

 중국어에서 '吗' 가 아닌 '什么, 谁, 哪, 哪儿, 几, 多少' 등 의문대사를 이용한 의문문의 어순은 평서문 어순과 같으므로, 의문하고자 하는 위치에 의문대사로 대체하면 된다. 그리고 '你的' 은 '네 것' 이라는 뜻이다. 이와 같이 모든 품사 뒤에 '的' 를 붙여 명사화시킬 수 있다.
예) '大的 큰 것' , '吃的 먹을 것' , '中国的 중국 것'

　　　┌ 한정어　　　┌ 중심어
哪　　本　　书　　是　　　　你的?
　　　　└ 주어　　　└ 술어　└ 목적어

74 给　这　买　衣服　是　我 ➡ 这件衣服是我男朋友给我买的。
我男朋友　件　的

이 옷은 제 남자친구가 사 주었습니다.

 '了' 는 과거 동작의 완료만 나타낼 수 있으며, 어떤 동작이 이미 발생했다는 전제하에서 그 동작이 발생한 시간·장소·행위의 방식 등은 '是……的' 구문으로 표현해야 한다. 예컨대 '새 옷을 샀습니다' 라는 표현은 '我买新衣服了' 라고 하면 되고, 언제·어디에서·어떻게·얼마를 주고·누구와 함께 샀는지 등 표현은 '是……的' 구문을 사용해야 한다. 이 문장에서 이미 옷을 사긴 샀는데 옷을 사준 사람이 남자친구라는 것을 언급하고 있기 때문에 '是……的' 구문을 사용한 것이다.

这件衣服　　是　　　　　　我男朋友　　　　给我　　　　买　　　　的。
└ 주어　　└ '是~的' 구조　└ 옷을 사준 사람　└ 동작의 대상　└ 술어동사 └ '是~的' 구조

75 忙　最近　不　我　太 ➡ 最近我不太忙。

요즘 저는 그다지 바쁘지 않습니다.

 '最近' 은 시간명사이기 때문에 주어 앞이나 뒤에 모두 올 수 있으며, 형용사 '忙' 의 부정은 '不' 나 '不太' 로 모두 할 수 있다.

最近　　　我　　不太　　忙。
└ 시간명사　└ 주어　└ 부정　└ 술어

第 二 部 分

병음을 참조하여 괄호 안에 한자를 적어 넣으면 된다.

76번~80번 문제

例如:　　　guān
没（关）系，别难过，高兴点儿。　➡　괜찮아요, 너무 슬퍼하지 말고 기분을 좀 푸세요.

76　　　　　　lǚ
我喜欢一个人去（旅）游。　➡　나는 혼자 여행하는 것을 좋아한다.

77　　　yī
这件（衣）服不大也不小，正好。　➡　이 옷은 크지도 작지도 않고 딱 맞다.

78　　　fù
我家（附）近有很多公共汽车站。　➡　저희 집 근체에는 버스정류장이 아주 많습니다.

79　　　　　　diǎn
每天晚上你大概几（点）睡觉?　➡　매일 저녁에 몇 시에 주무십니까?

80　　　　　diàn
你家的（电）视是什么牌子的?　➡　당신 집 TV는 어디 것입니까?

부 록

답안지를 익혀라!

新 汉 语 水 平 考 试
HSK（三级）答题卡

| 姓名 | |

国籍	[0] [1] [2] [3] [4] [5] [6] [7] [8] [9]
	[0] [1] [2] [3] [4] [5] [6] [7] [8] [9]
	[0] [1] [2] [3] [4] [5] [6] [7] [8] [9]

| 性别 | 男 [1] | 女 [2] |

序号	[0] [1] [2] [3] [4] [5] [6] [7] [8] [9]
	[0] [1] [2] [3] [4] [5] [6] [7] [8] [9]
	[0] [1] [2] [3] [4] [5] [6] [7] [8] [9]
	[0] [1] [2] [3] [4] [5] [6] [7] [8] [9]
	[0] [1] [2] [3] [4] [5] [6] [7] [8] [9]

考点	[0] [1] [2] [3] [4] [5] [6] [7] [8] [9]
	[0] [1] [2] [3] [4] [5] [6] [7] [8] [9]
	[0] [1] [2] [3] [4] [5] [6] [7] [8] [9]

| 你是华裔吗? | |
| 是 [1] | 不是 [2] |

| 年龄 | [0] [1] [2] [3] [4] [5] [6] [7] [8] [9] |
| | [0] [1] [2] [3] [4] [5] [6] [7] [8] [9] |

| 学习汉语的时间: |
| 1年以下 [1]　　1年-18个月 [2]　　18个月-2年 [3]　　2年-30个月 [4]　　30个月-3年 [5]　　1年以上 [6] |

| 注意 | 请用2B铅笔这样写： ▬ |

一、听力

1. [A] [B] [C] [D] [E] [F]　　6. [A] [B] [C] [D] [E] [F]
2. [A] [B] [C] [D] [E] [F]　　7. [A] [B] [C] [D] [E] [F]
3. [A] [B] [C] [D] [E] [F]　　8. [A] [B] [C] [D] [E] [F]
4. [A] [B] [C] [D] [E] [F]　　9. [A] [B] [C] [D] [E] [F]
5. [A] [B] [C] [D] [E] [F]　　10. [A] [B] [C] [D] [E] [F]

11. [√] [×]　　16. [√] [×]　　21. [A] [B] [C]
12. [√] [×]　　17. [√] [×]　　22. [A] [B] [C]
13. [√] [×]　　18. [√] [×]　　23. [A] [B] [C]
14. [√] [×]　　19. [√] [×]　　24. [A] [B] [C]
15. [√] [×]　　20. [√] [×]　　25. [A] [B] [C]

26. [A] [B] [C]　　31. [A] [B] [C]　　36. [A] [B] [C]
27. [A] [B] [C]　　32. [A] [B] [C]　　37. [A] [B] [C]
28. [A] [B] [C]　　33. [A] [B] [C]　　38. [A] [B] [C]
29. [A] [B] [C]　　34. [A] [B] [C]　　39. [A] [B] [C]
30. [A] [B] [C]　　35. [A] [B] [C]　　40. [A] [B] [C]

二、阅读

41. [A] [B] [C] [D] [E] [F]　　46. [A] [B] [C] [D] [E] [F]
42. [A] [B] [C] [D] [E] [F]　　47. [A] [B] [C] [D] [E] [F]
43. [A] [B] [C] [D] [E] [F]　　48. [A] [B] [C] [D] [E] [F]
44. [A] [B] [C] [D] [E] [F]　　49. [A] [B] [C] [D] [E] [F]
45. [A] [B] [C] [D] [E] [F]　　50. [A] [B] [C] [D] [E] [F]

51. [A] [B] [C] [D] [E] [F]　　56. [A] [B] [C] [D] [E] [F]
52. [A] [B] [C] [D] [E] [F]　　57. [A] [B] [C] [D] [E] [F]
53. [A] [B] [C] [D] [E] [F]　　58. [A] [B] [C] [D] [E] [F]
54. [A] [B] [C] [D] [E] [F]　　59. [A] [B] [C] [D] [E] [F]
55. [A] [B] [C] [D] [E] [F]　　60. [A] [B] [C] [D] [E] [F]

61. [A] [B] [C]　　66. [A] [B] [C]
62. [A] [B] [C]　　67. [A] [B] [C]
63. [A] [B] [C]　　68. [A] [B] [C]
64. [A] [B] [C]　　69. [A] [B] [C]
65. [A] [B] [C]　　70. [A] [B] [C]

三、书写

71.

72.

73.

74.

75.

76.　　77.　　78.　　79.　　80.